CW01072812

i Phil a l_____.

Cyfarchion Cynnes a
Swndith taw.

Dermont Jruis
4 Ebrill '04.

/

Syllu ar y Sêr

Detholiad o Ysgrifau Golygyddol

DESMOND DAVIES

gomer

Argraffiad cyntaf – 2004

ISBN 1 84323 380 0

ⓗ Desmond Davies

Mae Desmond Davies wedi datgan ei hawl dan
Ddeddf Hawlfraint, Dyluniadau a Phatentau 1988
i gael ei gydnabod fel awdur y llyfr hwn.

Dymuna'r cyhoeddwyr gydnabod cymorth
Adrannau Cyngor Llyfrau Cymru.

Argraffwyd gan
Wasg Gomer, Llandysul, Ceredigion SA44 4QL

I
Eirianwen
Sioned a Steffan
Emyr ac Anna
ac i'r plantos
Daniel, Dafydd, Dylan,
Heledd ac Adam

Cynnwys

Unigolion

Lleoedd

Pynciau Cyfoes

Rhagair

Yn ôl yn 1966 fe'm gwahoddwyd gan olygydd *Seren Cymru*, y Parchedig Idwal Wynne Jones (gŵr â dawn unigryw ganddo i sicrhau ateb cadarnhaol i'w geisiadau), i ymuno â phanel golygyddol y papur ac i gyfrannu'r erthygl flaen o dro i dro. Bûm wrth y gwaith am ymron i saith mlynedd a chael llawer o foddhad – heb sôn am ambell bwt o feirniadaeth – wrth fwrw golwg, yn unol â'm safbwynt a'm gweledigaeth, ar rai o bynciau'r dydd, a rheiny, wrth reswm, yn cynnwys materion crefyddol ac eglwysig. Wrth i'm tymor fel is-olygydd ddirwyn i ben bu rhai cyfeillion yn ddigon caredig i awgrymu y byddai'n dda petai modd dethol rhai o'r ysgrifau a'u cyhoeddi'n llyfr. Dyna, yn fras, y modd y daeth y gyfrol hon i fod. Bu'n rhaid chwynnu'n ofalus, oherwydd yn anochel y mae nifer o'r llithoedd wedi dyddio erbyn hyn am y rheswm syml eu bod yn ymwneud â digwyddiad arbennig mewn wythnos arbennig, ac fe wyddom yn ddigon da sut y gall yr hyn sydd 'yn y newyddion' heddiw ddiflannu'n fuan i niwl y gorffennol. Does ond gobeithio fod y cyfraniadau a ddewiswyd yn dal yn berthnasol, ac y byddant yn parhau i ennyn diddordeb ac, o bosibl, i ysgogi trafodaeth.

Diolchiadau

Carwn ddiolch i'r canlynol am eu cefnogaeth a'u cydweithrediad parod:

I olygydd presennol *Seren Cymru*, y Parchedig John Talfryn Jones, y cefais y fraint o'i godi i'r weinidogaeth tra'n bugeilio eglwys Calfaria, Clydach, ac aelodau Pwyllgor Llên Bedyddwyr Cymru, am ganiatâd i atgynhyrchu'r ysgrifau.

I Gareth Watts, mab y Parchedig G. J. Watts, y gŵr mwyn a fu'n weinidog fy mam eglwys ym Methania, Llanelli, 1945–1973, ac a'm symbylodd yn fwy na neb i ymgyflwyno i'r weinidogaeth Gristionogol, am ddarllen y proflenni.

I aelodau eglwysi'r Tabernacl, Caerfyrddin; Bethania, Talog a Noddfa, Foelcwan, cylch fy ngofalaeth ers ugain mlynedd a mwy, am eu hanogaeth gyson.

I Bethan Mair, Gwasg Gomer, am ymgymryd â chyhoeddi'r gyfrol, am lawer o gynghorion buddiol, ac am sicrhau glendid y gwaith argraffu.

Unigolion

Deus Absconditus?

Cymysg fu'r ymateb i'r cofiant a gyhoeddwyd yn ddiweddar gan Justin Wintle i R. S. Thomas, sef *Furious Inferiors* (Harper Collins, 1996). Nid cofiant mohono, mewn gwirionedd, gan mai digon prin yw'r manylion bywgraffiadol a geir ynddo, a cheir adrannau lle mae'r awdur yn ymhelaethu ar gyfnodau arbennig yn hanes Cymru ac ar rai o brif ddaliadau athroniaethau a chrefyddau ein dydd. Gwell fuasai ystyried y gyfrol yn nhermau ymateb personol un sylwedydd praff i waith y bardd eingl-Gymreig hynod gynhyrchiol hwn sydd, yn nhŷb llawer, gyda'r gorau, odid y gorau, ymhlith ein beirdd modern.

Yn y gyfrol ceir darlun o R. S. Thomas fel ffigwr paradocsaidd a dadleuol. Er ei gariad angerddol at y Gymraeg dewisodd farddoni yn Saesneg. (Cofier mai Saesneg oedd iaith ei fam, a chofier hefyd mai yn Gymraeg yr ysgrifennodd ei weithiau hunangofiannol megis *Neb*, *ABC Neb* a *Blwyddyn yn Llŷn*). Er ei fod yn heddychwr digyfaddawd dewisodd beidio â chondemnio Meibion Glyndŵr am eu defnydd o drais. Er iddo fod yn offeiriad ni fynycha wasanaethau'r eglwys yn awr oherwydd y cefnu a fu ar yr hen litani. Llwyddodd i gythruddo nifer o'i blwyfolion yn Aberdaron oherwydd ei feirniadaeth finiog o'u parodrwydd i groesawu estroniaid ganol haf, a'r mewnlifiad tymhorol hwnnw, yn ei dŷb yntau, yn fygythiad i ddiwylliant cynhenid y fro Gymraeg.

A thynnir ein sylw hefyd at un gwrtheb ymddangosiadol arall. Ac yntau'n ŵr ordeiniedig, ac yn Gristion nid yn unig o ran cyffes ond hefyd o ran galwedigaeth, onid yw ei ffydd ar y gorau yn fregus ac ansicr? *Spiritual minimalism* yw diffiniad Wintle ohoni. Oni ddaeth R.S. yn drwm o dan ddylanwad *Honest to God* (Robinson)? Onid yw ei farddoniaeth yn adlewyrchu'r ffaith iddi gael ei llunio mewn oes atheistaidd ac anghredinol? Ac onid thema ganolog nifer o'i gerddi diweddaraf yw'r ffaith fod Duw, bellach, wedi dewis ei absenoli ei hunan o'n byd a'n bywyd? Ef yw'r *deus absconditus*.

Morwr oedd tad R.S. Bu'n gweithio ar ddiwedd ei yrfa ar y cychod a hwyliai rhwng Caergybi ac Iwerddon, ac awgryma Wintle i gymeriad y tad, oedd byth a beunydd oddi cartref – yr un a oedd yno heb fod yno – ddod yn symbol pwerus ym meddwl y mab o Dduw ei hun.

> *Why no! I never thought other than*
> *That God is that great absence*
> *In our lives, the empty silence*
> *Within, the place where we go*
> *Seeking, not in hope to*
> *Arrive or find.*

Onid priodol, felly, fyddai dosbarthu R. S. Thomas, gyda Don Cupitt ac eraill, ymhlith y cwmni o *atheist priests*?

Byddai gwneud hynny yn gam mawr â bardd sydd wedi llwyddo droeon i'n syfrdanu a'n gwefreiddio â'i awen. Nid yw'n gwadu fod ganddo amheuon (fel sydd gan bawb ohonom ar brydiau), ond iddo ef y mae amheuaeth yn garreg ryd i gamu arni tuag at ffydd. Dywed wrthym iddo brofi adegau llachar o sythwelediad a datguddiad, pan fu ei enaid sensitif mewn cymundeb agos â Duw. Iddo ef y mae gweddi yn anhepgor, hynny yw, gweddi, nid yn nhermau defod neu gonfensiwn, ond fel arbrawf, ymgais, menter ysbrydol (sylwer ar deitlau dwy o'i gyfrolau: *Laboratories of the Spirit* a *Experimenting with an Amen*). Mewn un gerdd mae'n ei ddisgrifio ei hunan fel llanc sy'n taflu mân gerrig at ffenest ystafell ei gariad er mwyn tynnu ei sylw a'i gwahodd i ddod ato. Dywed y buasai wedi rhoi'r gorau i'r arferiad ers tro byd oni bai iddo, ar adegau, sylwi bod y llenni y tu ôl i'r gwydr yn symud. Dyna'r foment olau.

Nid *deus absconditus* mo Duw wedi'r cyfan. Y mae Duw yno ar hyd yr amser; ninnau sy'n cael anhawster i'w weld a'i adnabod. Treuliodd y llanc oriau ar lan y môr yn disgwyl i'w dad ddychwelyd o'i daith. Droeon cafodd y profiad gorawenus o weld y llong, a'i dad ar ei bwrdd, yn cyrraedd y porthladd. Deil y llong honno o hyd i gyrraedd y lan.

Ar Fôr Tymhestlog

O bryd i'w gilydd yn ystod y blynyddoedd diwethaf cefais gyfle, cyfle a ystyriaf yn fraint o'r mwyaf, i arwain cwmni o bererinion o Gymru i wledydd tramor. Ddechrau'r Hydref eleni dyma ymweld â'r Weriniaeth Tseic gan letya yn y seminari moethus, lluosog a modern ei adnoddau, a sefydlwyd gan Fedyddwyr Ewrop ar ymylon dinas Prâg. Does fawr o amheuaeth mai Prâg yw un o ddinasoedd prydferthaf Ewrop, a'i safle a'i phensaernïaeth yn destun rhyfeddod i'r ymwelydd. Profiad bythgofiadwy oedd cael hwylio'n llyfn i lawr yr afon Vltava un min nos a syllu ar y castell, yr eglwysi, y sefydliadau cenedlaethol (megis y Theatr a'r Theatr Gyngerdd), o dan hud y llifoleuadau. Gallasai'r cyfan, yn hawdd ddigon, fod yn olygfa o'r Tylwyth Teg.

Dyma sefyll unwaith eto wrth gofgolofn John Hus (1368?–1415) yn Sgwâr yr Hen Dref. Mae'r gofeb yn un drawiadol. Darlunnir rhai o gyfoeswyr Hus fel pe baent yn cael eu taflu o don i don, ond fe saif yntau fel craig yn eu canol, yn dalsyth a di-ildio. Yn sicr roedd cadernid yn un o briod nodweddion ei gymeriad. Fe'i ganed i deulu gwerinol ym mhentref Husinetz ym Mohemia, o lle y cafodd ei enw, yn fwy na thebyg. Collodd ei dad yn ifanc, a'i addysgu gan ei fam a chan uchelwr cefnog a gymerai ddiddordeb arbennig yn y llanc ar gyfrif ei ddoniau deallusol disglair. Yn wir, amlyced y doniau hynny nes i Hus gael ei apwyntio, ac yntau ond yn bedair ar ddeg ar hugain oed, yn Brifathro (term y cyfnod oedd Rheithor) Prifysgol Prâg.

Yn ystod ei flynyddoedd cynnar daeth Hus yn drwm o dan ddylanwad John Wycliffe. Wrth astudio gweithiau'r gwron hwnnw fe'i hargyhoeddwyd mai'r Ysgrythurau yw unig reol yr Eglwys; mai unig Ben yr Eglwys yw Crist (y mae'n rhaid iddi, wrth reswm, wrth arweinwyr dynol, ond fe all Pab bydol ei anian a materol ei fryd fod yn ddim amgen na gwrth-Grist!); ac mai'r hyn yw'r Eglwys yn ei hanfod yw cymdeithas pobl Dduw (nid cyfundrefn hierarchaidd a'r Pab a'i gardinaliaid yn goruwch-lywodraethu). Ni allai Hus, ychwaith, dderbyn athrawiaeth trawsylweddiad, sef bod elfennau'r Cymun, o'u bendithio gan offeiriad, yn troi'n llythrennol yn gorff a gwaed Crist. Ac wele Hus, ganrif a mwy cyn protest fawr Luther, yn datgan yn gyhoeddus ei wrthwynebiad i'r arfer o werthu pardynau, sef darnau papur yn dwyn sêl y Pab ac yn rhoi gwarant i'r prynwr o faddeuant pechodau – ac elw'r gwerthiant yn mynd i goffrau'r Babaeth! Bu cyflwr dirywiedig yr Eglwys (esgeulustod ac anfoesoldeb y clerigwyr; yr arfer ofergoelus o addoli delwau o'r saint; anwybodaeth affwysol trwch yr aelodau ynghylch hanfodion y Ffydd) yn pwyso'n drwm ar feddwl Hus. Rhoes fynegiant i'w brotest yn, a thrwy, ei bregethu grymus yng Nghapel Bethlehem, a godwyd yn unswydd er mwyn i'r gynulleidfa glywed yr Efengyl yn ei hiaith frodorol, ac nid mewn Lladin. Tyrrai'r miloedd i wrando ar Hus yn traethu'r Gair, a bu ei ddylanwad ym Mhrâg a Bohemia yn bellgyrhaeddol. Bu'n rhaid iddo dalu'n ddrud am ei brotest. Gwysiwyd ef gerbron Cyngor Constans, ei gondemnio'n heretic, a'i losgi i farwolaeth wrth y stanc.

Tybed beth a ddywedai Hus pe bai byw heddiw? Yn sicr ni chyfaddawdai yr un fodfedd ynglŷn â'i ddaliadau. Ond y mae natur y frwydr wedi newid erbyn hyn. Ymgais i buro'r Eglwys a'i 'glanhau o bob anwiredd' oedd eiddo Hus a'i gyd-ddiwygwyr. Ystyriai'r ddwy ochr yn yr ymdaro – Pabyddion a Phrotestaniaid fel y'i gilydd – eu bod yn Gristionogion. Nid y Ffydd fel y cyfryw ond y dehongliad a'r amlygiad ymarferol ohoni yn athrawiaethau a defodau'r Eglwys, oedd achos yr ymrafael. Bellach, nid oddi mewn i'r Eglwys y digwydd y frwydr (nid i'r un graddau, beth bynnag), ond rhwng yr Eglwys a'r byd, oherwydd yn ein dydd ni y mae'r Ffydd ei hunan o dan warchae.

O dan ddylanwad y Diwygiad troes Bohemia'n Brotestannaidd; yna, yn rhyfedd iawn, dychwelodd at Babyddiaeth; erbyn heddiw y mae'n gymdeithas seciwlar a di-gred, a chanran fechan yn unig o'i phobl sy'n mynychu lle o addoliad. Nid nepell o gofgolofn Hus saif eglwys Brotestannaidd St Nicholas, un o eglwysi cywreiniaf a mwyaf ysblennydd y ddinas. Yr unig ddefnydd sydd iddi yn awr yw fel neuadd gyngerdd. Ac yng ngolwg y Tsieciaid erbyn hyn y mae Hus yn llawer mwy arwyddocaol fel cenedlaetholwr na fel diwygiwr crefyddol. Erys yn symbol o annibyniaeth ac o wrthsafiad ei genedl yn erbyn grym ymerodraethau estron. Yn y modd hwn, ac nid fel cennad Efengyl Crist, y deil Hus i ysbrydoli ei gydwladwyr.

Yn dilyn dymchweliad y drefn Gomiwnyddol yn 1989 y mae Prâg yn prysur ymdebygu i'r gorllewin, ac nid y lleiaf o ddylanwadau'r gorllewin arni yw seciwlariaeth faterol. Wynebai'r Eglwys ar argyfwng mawr yn nyddiau Hus; ni allem lai na theimlo wrth synfyfyrio o amgylch y gofeb iddo yn ninas Prâg ei bod heddiw'n wynebu ar argyfwng mwy – un o'r argyfyngau mwyaf, ond odid, a fu erioed yn hanes Cred. Nid brwydr mohoni bellach rhwng gwahanol garfannau Cristionogol, ond ymdaro rhwng ffydd ac anffyddiaeth, rhwng cred ac anghred, rhwng Duw a Mamon. Er mwyn wynebu'r gelyn bydd yn rhaid inni, yn ddiau, wrth ddeuparth ysbryd y diwygiwr eofn o Bohemia. Duw a gadwo'n traed ar y graig, rhag i ninnau hefyd gael ein curo i lawr gan rym y ddrycin.

Llef Un yn Llefain

Dridiau cyn y Nadolig bu farw un o'r cymeriadau mwyaf lliwgar a dadleuol yng nghylchoedd eglwysig Lloegr, sef Dr Donald Soper. Roedd yn enwog am ei bregethu awyr-agored, ei heddychiaeth, ei gefnogaeth i ddiarfogi niwclear (datganodd mor bell yn ôl â 1950 y buasai'n well ganddo fyw o dan othrwm Comiwnyddiaeth na wynebu trydydd rhyfel byd), a'i ymgyrchoedd o blaid y tlawd a'r digartref. Am yn agos i drigain mlynedd daliodd i bregethu bob Mercher ar Tower Hill a phob Sul yn Speaker's Corner, hyd yn oed pan oedd yn storm eira neu'n hyrddwynt. Roedd ei arabedd miniog a'i atebion di-flewyn-ar-dafod yn sicr o lorio unrhyw heclwr gwrthwynebus. Gwelodd newid mawr yn y math o gwestiynau a anelwyd ato; yn y blynyddoedd cynnar ceisid ei farn ar bynciau'n ymwneud â chynnwys y ffydd Gristionogol, megis bywyd tragwyddol neu erchyllterau uffern, ond roedd ymholiadau'r nawdegau yn ymwneud mwy â phynciau moesol megis gwryw-gydiaeth ac erthylu. Cwynodd un tro bod cwestiwn yn Hyde Park ynghylch rhyw a rhywioldeb yn saff o 'ddyblu'r gynulleidfa ac o haneru safon y ddadl'.

Anelai ei saethau'n gyson ar dargedau megis gamblo, hela, llafur plant, diweithdra, y farchnad arfau, a'r nawdd annigonol a estynnid gan y llywodraeth i'r rhai tlawd eu byd. Fe'i beirniadwyd yn llym ar lawer adeg gan wleidyddion a chynrychiolwyr nifer o gyrff cyhoeddus, eithr ni lwyddwyd i'w ddistewi. Cafodd achos fwy nag unwaith i ryfeddu o'r ochr orau at yr ymateb i'w safiad. Un tro, a hynny'n fuan ar ôl iddo feirniadu'r Frenhines am ei hoffter o rasys ceffylau, fe'i gwahoddwyd i bregethu yn Sandringham – y gweinidog Methodist cyntaf erioed i dderbyn gwahoddiad o'r fath!

Ganed Donald Oliver Soper yn Wandsworth ar 31 Ionawr, 1903, ei dad yn aseswr gyda chwmni yswiriant morwrol yn y Ddinas, a'i fam yn ysgolfeistres. Fe'i haddysgwyd yn Ysgol Aske, Hatcham, ac yng Ngholeg St Catharine, Caergrawnt, lle y disgleiriodd nid yn unig yn academaidd ond hefyd ym myd y campau (pêl-droed a chriced yn fwyaf arbennig). Wedi iddo gael ei ordeinio cofrestrodd yn y London School of Economics, gan sicrhau gradd Ph.D. am draethawd ar Eglwys Ffrainc ac Wltramontaniaeth. Yn 1988 dyfarnodd Prifysgol Caergrawnt radd D.D. (er anrhydedd) iddo.

Ar hyd ei weinidogaeth faith ni bu'n gwasanaethu ond mewn tri maes: Lambeth (Cenhadaeth De Llundain o dan arweiniad Scott Lidgett), 1926–1929; Islington (Cenhadaeth Llundain Ganol), 1929–1936; ac yna fel Prifarolygwr Cenhadaeth Gorllewin Llundain o 1936 hyd at ei ymddeoliad yn 1978 yn 75 oed. Fe'i siomwyd yn fawr gan fethiant y bwriad i'w ordeinio'n offeiriad Anglicanaidd. Adeg y trafodaethau uno rhwng Eglwys Loegr a'r Methodistiaid ddiwedd y chwedegau, trefnwyd iddo gael ei ordeinio'n ddiacon ac yna'n offeiriad ar yr un diwrnod (trwy ddefod symbolaidd, fwy na heb) ac yna iddo weinidogaethu ar y cyd gyda'r clerigwr Anglicanaidd mewn eglwys enwog yn Llundain. Braidd yn llugoer oedd ymateb Esgob Llundain (Robert Stopford), a rhwystrwyd y peth ymhellach gan i'r Synod Cyffredinol wrthod y cynllun uno yn 1972.

Yn wleidyddol perthynai Soper i'r adain chwith radicalaidd, gan fabwysiadu safbwynt tebyg i Aneurin Bevan. Cyfarfu'r ddau i ddechrau trwy gyfrwng *Tribune*, gan ddod yn bartneriaid politicaidd clòs. Soper a gynhaliodd wasanaeth coffa Bevan yn y bryniau uwchben Tredegar, yn yr union fan lle yr ymarferai Bevan, yn ystod ei fachgendod, grefft siarad cyhoeddus. Daethpwyd i ystyried Soper yn gaplan answyddogol y mudiad Llafur. Yn 1965 dyrchafodd Harold Wilson ef i Dŷ'r Arglwyddi, y Methodist ordeiniedig cyntaf i dderbyn y fraint. Pan gymerodd ei sedd yn ei gasog arferol, protestiodd Ian Paisley ei fod yn euog o gyflwyno arferion Pabaidd i'r 'Tŷ arall'! Bu'n rhaid gosod y mater gerbron pwyllgor y Tŷ, a ddyfarnodd fod Soper yn berffaith rydd i wisgo'n glerigol.

Cofir amdano fel ymladdwr dewr dros egwyddorion y credai mor angerddol ynddynt – egwyddorion â'u gwreiddiau'n ddwfn yn y Bregeth ar y Mynydd. Roedd ei fryd ar 'godi'r gwan i fyny' ac ar achub dynolryw rhag 'gwae y dilyw tân'. Pan agorodd y Frenhines yr Amgueddfa Arfau Frenhinol yn Leeds yn 1996, a datgan bod arfau rhyfel yr un mor gain (o ran cynllun a gwneuthuriad) ag ydynt o frawychus, fe'i cyhuddwyd gan Soper o 'ansensitif-rwydd annerbyniol'. Roedd tinc digamsyniol y proffwyd i'w glywed yn ei lef. Fel y dengys teitl ei gyfrol hunangofiannol *Calling for Action*, ceisiai ysgwyd yr eglwys o'i chysgadrwydd a'i galw i osod ei ffydd ar waith. Iddo ef ni allai'r efengyl fod yn ddim arall ond yn gymdeithasol ac yn radical. Gofidiai'n fawr am duedd yr eglwys i guddio'i phen yn y tywod, nes gwneud ei neges yn gwbl amherthnasol i angen byd a chymdeithas. 'Fe'm argyhoeddwyd,' meddai, 'mai ffrwyth cyfiawnder yw heddwch, ac nad yw'n bosibl iddo dyfu ar un pren arall.' Plediwr cyfiawnder yn enw Crist a'i Deyrnas oedd Soper. 'Fy unig uchelgais erioed oedd bod yn un o bregethwyr teithiol Wesley,' meddai. Fe fu'n hynny ond mi roedd hefyd yn llinach Amos a Meica, a gweddill proffwydi mawr yr Hen Destament. Ysywaeth, y mae'r math yma ar dyst yn prinhau. Pwy sydd heddiw yn cyhoeddi wrth fyd a llywodraeth: 'Fel hyn y dywed yr Arglwydd'?

Calon wrth Galon

Ym marwolaeth y Cardinal Basil Hume collwyd
arweinydd Cristionogol a enillodd barch cyffredinol,
oddi mewn ac oddi allan i'r eglwys, a hynny ar
gyfrif ei raslonrwydd, ei wyleidd-dra a'i dduwioldeb
diamheuol. 'A gŵr i Dduw o'r gwraidd oedd'.
Ceidwadol oedd ei agwedd at gyfansoddiad a
ffurflywodraeth ei eglwys, a hefyd at bynciau moesol
a diwinyddol. Disgwyliai i bawb, yn gefnogwyr a
beirniaid fel ei gilydd, dderbyn yr Eglwys Babyddol
fel ag y mae, ac nid amcanai at ei ddiwygio yng
ngoleuni tueddiadau cyfoes. Hyn oedd i gyfrif am y
ffaith mai yn anfynych yr ymyrrai'r Pab ym
Mhabyddiaeth Prydain yn ystod cyfnod Hume yn
Westminster gan i'r Cardinal gael ei ystyried yn 'bâr
o ddwylo diogel'.

Ac eto, ar adegau, gallai fod yn eithriadol agored a
radical. Bu penderfyniad Synod Cyffredinol Eglwys
Loegr yn 1992 i ordeinio gwragedd i'r offeiriadaeth
o fewn dim i achosi rhwyg amhontiadwy rhwng y
Pabyddion a'r Anglicaniaid, ond achubwyd y sefyllfa
gan ymateb sensitif a chydymdeimladol Hume a'i
barodrwydd i dderbyn offeiriaid Anglicanaidd, priod
(a ddadrithiwyd gan eu heglwys) i'r rhengoedd
Pabyddol. Gwnaed hyn ar waethaf ymlyniad yr
Archesgob wrth wyryfdod clerigol, y stad honno a

ddisgrifiwyd ganddo yn nhermau 'rhodd', 'aberth' a 'bodolaeth unig'.

Yn 1993 adweithiodd nifer fawr o wrywgydwyr a lesbiaid yn erbyn y datganiad a wnaed gan y Cardinal Josef Ratzinger yn tanlinellu safbwynt traddodiadol y Fatican ynghylch gwyriadau rhywiol. Unwaith eto llwyddodd Hume i dynnu'r gwres o'r ddadl trwy annog hoywon i beidio â theimlo'n euog am eu cyflwr ac i ddiogelu eu hurddas a'u hymdeimlad o hunan-werth. Condemniodd unrhyw ragfarn yn eu herbyn. Ac eto yn gynharach eleni ni phetrusodd awgrymu y dylid diddymu enw Quest (grŵp a sefydlwyd i roi cefnogaeth i bobl hoyw oddi mewn i'r Eglwys Babyddol) o gyfeirlyfr blynyddol yr eglwys gan i'r grŵp hwnnw wrthod cadarnhau ei gefnogaeth i'r ddysgeidiaeth Gatholig draddodiadol ynghylch moesoldeb rhywiol. Mae'n amlwg i Hume ei gael ei hun mewn gwewyr ynghylch materion o'r fath. Tra'n glynu wrth y ddogma uniongred, ceisiai, serch hynny, gydymdeimlo ag unigolion a phersonau unigol yng ngoleuni eu sefyllfaoedd personol, a thymheru cadernid â thiriondeb. Cafwyd enghreifftiau pellach o'i ddyngarwch yn ei ymyrraeth ar ran Pedwar Guildford a Chwech Birmingham a gyhuddwyd ar gam ac a garcharwyd am hir dymor.

Er bod teyrngarwch yr Archesgob i Rufain yn ddigwestiwn, gwnaeth bopeth yn ei allu i ddwyn y gwahanol eglwysi i agosach perthynas â'i gilydd, gan ddwyn yr eglwys yr oedd ef ei hunan yn aelod ohoni i gyflawn aelodaeth o gyrff megis Eglwysi Ynghyd yn Lloegr ac Eglwysi Ynghyd ym Mhrydain ac Iwerddon. Roedd y berthynas rhyngddo ag Archesgob Caergaint (George Carey, a'i ragflaenydd Robert Runcie) yn glòs a chyfeillgar. Y Cardinal Hume a soniai am 'eciwmeniaeth y galon' – ymadrodd ardderchog a chofiadwy. Bu tuedd ynom i feddwl am undod eglwysig yn nhermau cynlluniau a chofnodion pwyllgor (pethau anhepgor, wrth reswm), ond y mae a wnelo eciwmeniaeth â rhywbeth llawer dyfnach a mwy sylfaenol na hynny, sef yr ewyllys waelodol, ddofn, i rannu cymdeithas a chenhadaeth â'n cyd-Gristionogion. Y mae gwreiddiau eciwmeniaeth i'w canfod ym mhrofiad y Cristion o'r Efengyl ac o'r Crist sy'n cymodi a chyfannu. Onid hyn a barodd i Archesgob yr Eglwys Anglicanaidd yng Nghymru, y Gwir Barchedig Alwyn Rice Jones, yn ei neges ffarwél ar drothwy ei ymddeoliad, fynegi ei awydd am weld uno'n enwadau yng Nghymru a chreu 'un eglwys hollol Gymreig ei naws'?

Erbyn hyn y mae'r gweithgor a sefydlwyd gan yr Eglwysi Rhyddion i osod y sylfeini ar gyfer yr Eglwys Rydd Unedig Gymreig wedi cwblhau ei waith. Da yw cael tystio nid yn unig i ddiwydrwydd a gweledigaeth y gweithgor hwn, ond hefyd i'r ysbryd brawdol a chwbl Gristionogol a fu'n nodweddu'r cyfarfodydd o'r cychwyn cyntaf. Gyda hyn cyhoeddir y ddogfen drafod a'i gosod yn nwylo'r eglwysi iddynt gael ei hystyried yn ofalus a gweddigar. Beth, tybed, fydd ei thynged? A oes yn ein calon wir awydd i 'fwrw yr holl rwystrau i lawr' a phrofi'r undod gogoneddus sydd yng Nghrist, ac i ddangos i'r byd ein bod mewn gwirionedd yn caru'n gilydd? Hwn yw'r cwestiwn mawr, ac yn hyn o beth y mae Cardinal Hume wedi gosod ei fys ar y peth creiddiol, canolog. Ys dywedodd John Wesley: 'Os yw dy galon fel fy nghalon innau, estyn i mi dy law'. Penderfynir ein hymateb i'r ddogfen newydd gan un ystyriaeth, ac un ystyriaeth yn unig, sef, a ydym fel Cristionogion Cymraeg y dyddiau hyn â'n calonnau yn curo ynghyd ac yn cyd-ddyheu?

Gobaith am Ymwared

Y mae'r gair 'carisma' yn derm a ddefnyddir yn rhydd ac yn rhwydd y dyddiau hyn. Ystyrir unrhyw unigolyn dawnus, bydded chwaraewr pêl-droed, actiwr, un o sêr y byd ffilm, neu'n gyfathrebwr chwim ar y sgrin deledu, yn rhywun 'carismataidd'. 'Un wedi ei lenwi ag Ysbryd Duw' – dyna, wrth gwrs, wir ystyr y gair yn y cyd-destun Beiblaidd. Ar ddechrau ei weinidogaeth gyhoeddus yn Nasareth y mae Iesu'n dyfynnu geiriau o lyfr y proffwyd Eseia: 'Y mae Ysbryd yr Arglwydd arnaf, oherwydd iddo f'eneinio i bregethu'r newydd da i dlodion'. Dyna'r gwir garisma.

Un cymeriad cyfoes y gellir dweud yn ddibetrus amdano ei fod yn berson carismataidd yw Desmond Tutu, cyn Archesgob Capetown yn Ne Affrig (ymddeolodd o'r swydd honno yn 1996), ac un y dyfarnwyd Gwobr Heddwch Nobel iddo yn 1984. Cafwyd cyfle i wrando arno'n pregethu yng Ngŵyl Teulu Duw yn Llanelwedd yn ôl yn 1986, a thrachefn ar y Sadwrn cyntaf ym Mehefin eleni ar faes Sioe y Tair Sir yng Nghaerfyrddin – rhan o Ddathliad y Mileniwm a drefnwyd gan Esgobaeth Tyddewi. Er i bedair blynedd ar ddeg fynd heibio, ac er nad yw'r archesgob yn mwynhau'r iechyd gorau erbyn hyn, yr oedd y profiad y tro hwn eto yr un mor ysgytiol. Nodweddid y cyhoeddi o'r Efengyl gan yr un afiaeth, yr un egni, yr un argyhoeddiad, yr un synnwyr digrifwch, a'r un feistrolaeth ar gynulleidfa. Heb os, roedd nerth yr Ysbryd Glân i'w deimlo.

Ni allem beidio â sylweddoli ein bod yn gwylio a gwrando rhywun a welodd bethau mawr ac a ddioddefodd bethau mawr. Yn 1995 fe'i hapwyntiwyd gan yr Arlywydd Nelson Mandela yn gadeirydd y Comisiwn Gwirionedd a Chymod, a sefydlwyd yn bennaf er pontio rhwng y du a'r gwyn a gochel gwrthryfel gwaedlyd a didostur. Yn ei gyfrol *No Future Without Forgiveness* y mae'n rhannu â ni y profiadau dirdynnol a gafodd wrth wrando tystiolaeth nifer fawr o'i gyd-wladwyr a ddioddefodd mewn ffyrdd mor enbyd oherwydd polisi *apartheid*. Mae'r darllen yn fodd i'n sobreiddio ac i sylweddoli fod yna bwerau sinistr a dieflig yn llechu o hyd o dan yr haenen denau honno a elwir gennym yn 'wareiddiad'. Gwyliwn rhag bod yn ddifater a hunan-foddhaus yn y frwydr yn erbyn drygioni!

Eithr yr hyn sy'n disgleirio'n llachar drwy ddudalennau'r gyfrol yw gobaith. Nid gobaith *mewn* neu *oherwydd* dyn (er ei fod yn sicr yn obaith *am* ddyn ac am y posibilrwydd y gellir ei adfer, trwy ras), ond gobaith wedi ei wreiddio yng nghariad Duw ac yng ngallu'r efengyl. Sylfaen y cyfan yw'r gred ddiysgog na pheidiodd Duw â bod yn Dad i'r afradlon. Yn ei hanfod y mae Duw yn Dduw grasol, a'i gariad at ddyn yn ddiymollwng. Nid oes dim a wnawn a all beri i Dduw ein caru'n fwy; ac nid oes dim na wnawn a all beri i Dduw ein caru'n llai. Nid yw Duw yn gollwng ei afael ar neb, nac yn anobeithio'n llwyr am neb. Fe'n carodd o dragwydd-oldeb; mae'n ein caru yn awr, ac fe'n câr byth mwy, bawb ohonom, da a drwg, yn ddiderfyn. 'Felly,' medd yr archesgob, 'yn ôl fy niwinyddiaeth i ni ddylid condemnio neb i uffern fel rhywun anadferadwy, y tu hwnt i'r posibilrwydd o achubiaeth'. *Ultimately, no person or situation in this theology is an irredeemable cause devoid of hope.'* (tud. 75).

Fe glywyd datganiadau radical, chwyldroadol, yng nghwrs y bregeth yng Nghaerfyrddin. Rhai o ddihirod pennaf hanes – Hitler, Amin, Saddam Hussein – yn blant Duw! Yn blant tra anufudd ac anystywallt a grwydrodd yn bell, bell, bell, o dŷ eu tad, o awyrgylch y teulu ac egwyddorion yr aelwyd, ond yn dal, serch hynny, yn blant i'w Tad, ac yntau'n ewyllysio eu hadfer, 'A minnau,' medd Iesu, 'os dyrchefir fi oddi ar y ddaear, a dynnaf *bawb* ataf fy hun.'

Och, medd rhywun, onid pendraw y radicaliaeth hon yw penrhyddid a llacrwydd moesol? Nid felly, medd yr archesgob. Pan ddown i sylweddoli dyfnder cariad Duw tuag atom, fe ymdrechwn hyd eithaf ein gallu i wneud yr hyn sydd wrth ei fodd, ac i hepgor beth bynnag sy'n ei siomi a'i dristáu. Y mae cariad yn hawlio llawer mwy na chyfraith. 'Câr Dduw, a gwna fel y mynni,' meddai un diwinydd. Onid yw hynny eto'n rhoi trwydded i bob math o anfadrwydd? Nac ydyw, oherwydd y sail yw caru

Duw, ac y mae caru Duw yn gyfystyr â pharchu ei ewyllys.

Ni all neb wadu fod pechod yn rym tra phwerus. Eithr nid pechod yw'r grym mwyaf sy'n bod. Cariad yw hwnnw. A chariad yw'r unig allu a all achub y byd, a'n cadw rhag yr afon waed a'r dilyw tân. Trwy argymell gweithredu'r cariad cymodlon hwn, ac annog y duon i beidio â dial ar y gwynion a fu mor giaidd tuag atynt yn ystod blynyddoedd y gorthrwm, y llwyddodd yr Archesgob Tutu a'i gyd arweinyddion, i gadw De Affrig rhag llithro'n bendramwnwgl i mewn i ryfel cartref. 'Wrth imi fynd yn hŷn, byddaf yn rhyfeddu fwyfwy at ba mor berthnasol yw diwinyddiaeth, fel y gwelaf innau hi, i fywyd yn ei gyfanrwydd.' (tud. 73). Yr hyn a rydd i ddiwinyddiaeth ei pherthnasedd yw credu mai cariad Duw yng Nghrist yw unig sylfaen 'holl obeithion euog fyd'. Dyna genadwri'r Archesgob Tutu. Rhoddwyd iddo ddawn unigryw – dawn yr Ysbryd Glân – i'w chyhoeddi gydag arddeliad.

Rowan

Cymro yng Nghaergaint: y mae hynny'n sicr yn rhywbeth inni ymfalchïo ynddo fel cenedl. Safai Dr Rowan Williams ben ac ysgwydd yn uwch na'i gydymgeiswyr am y swydd, ac eto nid oedd yn dilyn mai ef a fyddai'n cael ei apwyntio. Gan mai yn nwylo'r Goron (hyd yn hyn, beth bynnag) y gorwedd y cyfrifoldeb am benodi Prif Brelad Eglwys Loegr (ac arweinydd y gymuned Anglicanaidd drwy'r byd yn gyfan – y perthyn iddi 70 miliwn o aelodau), mae'n rhaid bod mwy nag un marc cwestiwn gyferbyn ag enw Archesgob Cymru. Fe gofir i Churchill apwyntio Geoffrey Fisher (y gŵr pell, ffurfiol) pan ddisgwyliai pawb i George Bell, esgob Chichester (hyrwyddwr undod eglwysig; cyfaill i wladweinwyr Ewrop; ffrind i'r Almaenwyr hynny – gan gynnwys Dietrich Bonhoeffer – a wrthsafai Hitler) gael ei ddyrchafu. Ond bu Bell yn feirniad eofn o bolisi bomio dinasoedd yr Almaen, ac ni chafodd bardwn.

Yn sicr ddigon, nid gallu academaidd Rowan Williams oedd o dan y chwyddwydr. Y mae ei ddisgleirdeb ymenyddol yn eithriadol. Nid am ddim y rhoddwyd iddo gadair y Foneddiges Margaret mewn Diwinyddiaeth yn 36 oed – yr athro ieuengaf ym Mhrifysgol Rhydychen yn ystod ei gyfnod yno.

Ac nid ei liwiau diwinyddol oedd yn peri tramgwydd, ychwaith. Gwelir mewn cyfrol megis *On Christian Theology* (rhyfeddol am ei manylder a'i threiddgarwch) ei fod, o ran cred ac athrawiaeth, yn rhodio'n ddigon agos at ganol y llwybr. Nid oedd amheuaeth ynghylch ei dduwioldeb a'i ddefosiwn; mae'n amlwg i bawb ei fod yn berson ysbrydol, carismataidd (yng ngwir ystyr y gair). Prin fod lle i amau ei ddawn i arwain ac i weinyddu, ac fel pregethwr a chyfathrebwr y mae ei arddull dawel, dadansoddiadol, clir yn hynod apelgar.

Yr hyn oedd yn codi amheuaeth yn ei gylch oedd ei agwedd ryddfrydol, agored at nifer o gwestiynau moesol, cyfoes. Fan hyn y bu ei benodi yn dipyn o fenter ar ran y Prif Weinidog. Ni all hwnnw, bellach, gymryd yn ganiataol fod ganddo bâr o ddwylo saff yn Lambeth. Dyma arweinydd eglwysig a brotestiodd yn erbyn bomio Affganistan ('Ni ddylid ateb trais â thrais; ni ellir gwella'r sefyllfa trwy achosi mwy o farwolaethau' – gweler *Writing in the Dust*, sef ei fyfyrdod uwchben trychineb 11 Medi, nad oedd ef ei hunan ond prin ddau can llath oddi wrthi), ac sy'n gwbl bendant na ddylai America a Phrydain ymosod ar Irac heb sêl bendith y Cenhedloedd Unedig. Y mae o blaid neilltuo gwragedd yn esgobion; o blaid datgysylltu Eglwys Loegr; o blaid caniatáu i'r rhai a gafodd ysgariad briodi yn yr eglwys (a fydd hyn yn agor y drws i Siarl a Camilla?); o blaid hawliau hoywon – eisoes fe ordeiniodd ŵr hoyw i'r offeiriadaeth. Ac ni bu yn ôl yn ei feirniadaeth o erthylu; o gyhoeddi rhestri perfformiad ysgolion; o gwmnïau

Disney am fasnacheiddio meddyliau plant. (Mae'n ymdrin â llawer o'r pynciau hyn yn ei gyfrol ddiweddaraf, *Lost Icons*).

O ran pryd a gwedd y mae Rowan Williams yn ddigon tebyg i'r darlun dychmygol sydd gennym o un o broffwydi Israel. Y mae ei ddatganiadau cyhoeddus yn ei osod yn sicr iawn yn llinach y proffwydi. Mae'n debyg ei fod yn hoff o ddyfynnu diffiniad y bardd Coleridge o swyddogaeth yr eglwys: '*The sustaining, correcting, befriending opposite of the world.*' Yn y byd, eithr heb fod ohono. Dyma archesgob na fydd arno ofn dweud ei ddweud, costied a gostio, ac a fydd yn barod i herio'r sefydliad ac unrhyw fudiad neu duedd arall, pan fydd yr egwyddor fawr o barchu cyd-ddyn, a pharchu bywyd yn gyffredinol, mewn perygl o gael ei thanseilio. Â dylanwad y Blaid Dorïaidd yn ddigon gwantan, a'r Rhyddfrydwyr yn dal yn y lleiafrif, fe allai Eglwys Loegr, o dan arweiniad Rowan Williams, ddatblygu'n wrthblaid answyddogol, ond tra effeithlon, i'r llywodraeth. Mae'r posibiliadau'n wirioneddol gyffrous!

Enw ar goeden yw 'rowan' – y gerddinen neu'r griafolen yn Gymraeg – coeden y tyngai'r Derwyddon fod iddi alluoedd ysbrydol a fedr warchod cymdeithas rhag pwerau'r fall. Roedd yn arferiad slawer dydd i osod brigau ohoni rhwng y dillad gwely ar Wener y Grog yn amddiffynfa rhag cynllwynion diafol, ac yng Nghymru fe'i plennid mewn mynwentydd er mwyn ymlid ymaith yr un drwg. Mae modd rhagweld y bydd yr archesgob newydd, yn unol â'i enw, yn gaer rhag y dylanwadau dieflig, dinistriol sydd ar waith yn ein byd.

O blith archesgobion Caergaint yn y ganrif ddiwethaf y mae dau yn sicr yn sefyll allan, sef William Temple a Michael Ramsay. Ar un achlysur brenhinol yng nghadeirlan Sant Paul cododd Ramsay i fynd i'w bulpud i bregethu. Yn ôl ei arfer moesymgrymodd i'r frenhines, ond cyn hynny gwnaeth yr un arwydd o flaen yr allor. Sibrydodd yn uchel, 'Duw gyntaf'. Does yr un amheuaeth mai gwas Duw, yn gyntaf ac yn bennaf, fydd Rowan Williams yng Nghaergaint, fel y bu yng Nghymru, ac mai 'Fel hyn y dywed yr Arglwydd' fydd byrdwn ei neges. Arddeled Duw ei genhadaeth broffwydol; y mae mawr angen amdani y dwthwn hwn.

Labeli

Un o brofiadau hyfrytaf yr haf oedd derbyn gwahoddiad i bregethu, ddiwedd Gorffennaf, yng Ngwasanaeth Ailagor capel Bwlch-y-rhiw, Rhandirmwyn, a chyflwyno cyfarchion Undeb Bedyddwyr Cymru i'r tri aelod ar ddeg a fu'n ddigon mentrus, o dan gyfarwyddyd eu gweinidog, y Parchg. Goronwy Wynne, i fwrw iddi i lwyr adnewyddu eu man cyfarfod. Mae'r adeilad yn dyddio'n ôl i 1717 (cyn hynny arferai'r ffyddloniaid gyfarfod yn ddirgel mewn ogof y mae ei cheg i'w gweld yn amlwg o hyd ar lethr un o'r bryniau gerllaw), ac ar wahân i ddim arall y mae iddo arwyddocâd pensaernïol fel patrwm o'r math o gapel a godwyd gan Anghydffurfwyr Cymru ddechrau'r ddeunawfed ganrif. Yn sicr y mae Bwlch-y-rhiw ymhlith y capeli mwyaf anhygyrch yng Nghymru gyfan (gofaled yr ymwelydd fod ganddo fap go fanwl os yw am ddarganfod ei leoliad!); erbyn heddiw y mae hefyd ymhlith y mwyaf glân a chymen o'n cysegrleoedd, a'i ogoniant yn ei symlrwydd, a'i effaith drawiadol yn ei ymddangosiad gwerinol a di-rodres.

Y gŵr a gyflwynai gyfarchion eglwysi'r cylch oedd y brawd Ieuan Williams – amaethwr diwylliedig, unawdydd o fri, a blaenor ymroddgar gyda'r Presbyteriaid yng Nghwrtycadno. Adroddodd hanesyn personol a adawodd gryn argraff ar y gynulleidfa. Roedd yn adeg cneifio, a'r drefn arferol oedd bod y ffarmwr yn gosod y gwlân mewn sachau hylaw, swyddogol, parod i'w casglu o glos y fferm ar ddyddiad penodedig. Ar bob un o'r sachau argreffid stamp y cwmni a oedd yn gyfrifol am brynu'r cynnyrch a'i drin a'i brosesu ar gyfer y farchnad. Cyfrifoldeb y bugail oedd gosod label ar bob sach yn nodi enwau'r fferm ynghyd â'i pherchennog. Un flwyddyn cyrhaeddodd y lori'n blygeiniol iawn, yn llawer cynharach na'r disgwyl, a bu'n rhaid i'r amaethwr ymddiheuro am na chafodd gyfle i glymu'r labeli, er bod popeth arall yn barod. Wele ymateb gyrrwr y cerbyd: 'Gyfaill annwyl, peidiwch â phoeni os nad yw'r labeli'n eu lle; yn y diwedd yr unig beth sy'n cyfri yw'r stamp.'

Nid yn unig yr adroddwyd yr hanes uchod mewn ffordd naturiol a diddorol, ac mewn ysbryd rhagorol, ond fe'i cymhwyswyd hefyd mewn ffordd hynod afaelgar gan y siaradwr ar gyfer sefyllfa bresennol ein heglwysi. Oni fyddwn yn barod – yn rhy barod o lawer ar brydiau – i osod labeli arnom ein hunain ac ar eraill, labeli personol, enwadol, diwinyddol, cymdeithasol, gwleidyddol ac ati, sy'n ein gosod yn dwt ac yn daclus mewn lloc arbennig? Ac yna fe'n hadwaenir gan ein cydnabod a'n cyd-Gristionogion fel rhywrai'n perthyn i ryw gorlan neilltuol, i ryw ddosbarth gwahaniaethol.

Ond yng nghyd-destun y bywyd Cristionogol, a'r gyfundrefn eglwysig, nid y label sy'n cyfri yn y diwedd ond y stamp. Os nad yw stamp y cwmni –

stamp y Meistr, stamp y Bugail Da, stamp y Deyrnas, stamp y Groes – arnom, nid yw ystyriaethau megis i ba enwad y perthynwn, neu i ba garfan y perthynwn, yn tycio dim. Onid hyn a gais y byd gan yr eglwys heddiw, sef ar iddi weithredu'r cymod a'r maddeuant a'r goddefgarwch sydd, yn ôl ei phregeth a'i phroffes, yn hanfodion y Ffydd? Ac oni siomir, oni ddadrithir y byd yn fynych gan anallu'r eglwys i osod ar waith yr hyn a gyhoeddir ganddi ar lafar, ac onid hyn sydd i gyfrif, yn rhannol, yn sicr, am y cefnu a fu ar yr eglwys y blynyddoedd diwethaf hyn? 'Os bydd gennych gariad at eich gilydd, wrth hynny y bydd pawb yn gwybod mai disgyblion i mi ydych,' medd yr Arglwydd Iesu. Os methwn yn y peth hanfodol hwn, fe fydd popeth arall – ein cyffes, ein credoau ffurfiol, ein datganiadau ffydd a'n cenhadaeth – yn ofer. '*Wrth hynny*' – dyna'r stamp, dyna'r hanfod, dyna'r elfen anhepgor.

Yn wyneb hyn y mae unrhyw fwriad i garfanu a rhannu – sef yr union duedd y bu Paul yn brwydro mor egnïol yn ei herbyn ymhlith aelodau eglwys Corinth – yn rhywbeth gwirioneddol drist. Oni fu'r apostol yn taer erfyn ar y Corinthiaid 'yn enw ein Harglwydd Iesu Grist', 'na foed ymraniadau yn eich plith, ond byddwch wedi eich cyfannu yn yr un meddwl a'r un farn'. O dderbyn, fel y gwna rhai, fod y Beibl i'w gymryd yn llythrennol wir, gair am air, onid yw'n dilyn y dylid cymryd ei anogaethau a'i orchmynion yr un mor llythrennol wir, a gweithredu arnynt yn ddiamod? O bwysleisio'r angen i blygu i'w awdurdod ar gwestiwn ffydd a chredo, onid yw yr un mor bwysig ein bod yn ymostwng i'w awdurdod ar faterion yn ymwneud â byw a bod? Ffrwyth meddwl dyn yw'r label; ffrwyth yr Ysbryd Glân yw'r stamp, a lle mae'r Ysbryd yno hefyd y mae undod a thangnefedd, addfwynder a thosturi, daioni a hunanddisgyblaeth, ac yn goron ar y cyfan, cariad.

Dwy o'n Diwinyddion

Drigain mlynedd yn ôl, ar 29 Awst, 1943, a hithau ond yn 34 oed, bu farw Simone Weil, yr athronydd a feddai ar alluoedd ymenyddol pur anghyffredin, ac a gododd gwestiynau sylfaenol ynglŷn â'r modd y mae deall a dehongli'r Ffydd Gristionogol. Fel sy'n wir yn aml am athrylith, roedd hithau, ar lawer cyfrif, yn 'wahanol' i'r rhelyw o blant dynion, ac eto ymdrechodd i'w huniaethu ei hun yn llwyr â'r dyn cyffredin yn ei wae a'i ofid. Yn sicr, yng nghyd-destun cred bersonol, ac yn ei hymgais gwbl ddi-hunan i godi'r gwan i fyny, nid chwennych esmwythfyd a wnâi, ar 'ddi-rwystyr, dawel daith'.

Fe'i ganed ym Mharis ar 3 Chwefror, 1909, i deulu o Iddewon a gefnodd ar grefydd. Prin oedd apêl Iddewiaeth i'r ferch, hithau; ni fedrai dderbyn y syniad o genedl etholedig, na chwaith ddarluniau'r Hen Destament o Duw rhyfelgar, dialgar sy'n 'Arglwydd y Lluoedd'. Wedi graddio mewn athroniaeth yn yr École Normale, bu'n dysgu am gyfnod yn y Lycée yn Puy, a'i dulliau dysgu yn anghonfensiynol, a dweud y lleiaf. Dyma'r adeg y daeth yn ymwybodol iawn o wasgfaeon y gweithwyr cyffredin, a cheisiodd rannu eu tynged trwy fynd i weithio ar y ffordd, ac yna yn ffatri geir Renault. Er gwaetha'r poenau pen dirdynnol a ddioddefai, llafuriai'n ddi-arbed, a pheryglu ei hiechyd. Yn 1936 bu yn Sbaen yn cefnogi'r gweriniaethwyr yn eu safiad yn erbyn Franco, ond yn dilyn damwain i'w throed fe'i gorfodwyd i ddychwelyd i'w mamwlad. Yn 1942 llwyddodd i ddianc gyda'i theulu i'r Unol Daleithiau, gan symud wedyn i Lundain a chyd-weithio â'r *résistance*. Gwrthodai gymryd bwyd (er mwyn ymuniaethu'n llwyr â'i chydwladwyr a'u tynged enbyd o dan fawd y Natsïaid), a bu farw (yn ysbyty Ashford yng Nghaint) o ddiffyg maeth ac o'r diciâu.

Yn dilyn ei marwolaeth cyhoeddwyd cyfran helaeth o'i gwaith mewn cyfrolau (a gyfieithwyd i'r Saesneg) megis *The Need for Roots*, *Waiting on God* a *Gravity and Grace*, a'u cynnwys yn dylanwadu'n drwm ar y byd crefyddol. Yn yr olaf o'r gweithiau hyn dengys Simone Weil (fel yr awgryma'r teitl) fod dau rym yn effeithio ar fywyd dyn. Grym materol sy'n gorfodi pethau i ddisgyn (ac sy'n cadw'n traed yn solet ar y ddaear) yw disgyrchiant, tra bod gras (fel adenydd yr aderyn) yn ein galluogi i godi i fyd uwch, sef byd yr ysbryd. Eithr y mae ail radd o ras sy'n peri i bethau ddisgyn heb fod pwysau corfforol yn gyfrifol am hynny. Meddai'r awdur: 'Y mae ymostwng yn gyfystyr â chodi i fyd disgyrchiant moesol. Yr hyn a wna disgyrchiant moesol yw ein galluogi i syrthio i'r uchelderau'. Dyma baradocs gras. Y cariad sydd, ar un llaw, yn ein dyrchafu uwchlaw'r byd, yw'r union allu sy'n ein cymell i ymostwng a chymryd agwedd gwas. Gosod y gras hwn ar waith oedd amcan mawr bywyd i Simone

Weil. Fe'i cyhuddwyd lawer tro o fod yn Gomiwnydd, ond nid hynny ydoedd. Yn enw Gŵr y Groes (y cafodd brofiad arbennig ohono wrth ymweld ag eglwys Sant Ffransis yn Asisi), mynnai wrthsefyll anghyfiawnder a gorthrwm, a bod yn gefn i'r difreintiedig. Ar lawer achlysur cyflwynodd ei henillion i'r tlawd a'r anghenus.

Y dyddiau hyn yr ydym yn cofio hefyd am Dorothee Sölle, y diwinydd radical a aned yn yr Almaen yn 1929, a fu'n astudio diwinyddiaeth yng Nghwlên, Freiburg a Göttingen, ac a ddaeth yn Athro Diwinyddiaeth Gyfundrefnol yng Ngholeg Union, Efrog Newydd. O dan ddylanwad Marcsiaeth bu'n cymeradwyo hermeniwteg wleidyddol, ac yn frwd ei chefnogaeth i Ddiwinyddiaeth Rhyddhad, i hawliau merched, ac i gri'r tlawd am ryddid a chyfle cyfartal. Ymhlith ei chyhoeddiadau y mae *To Work and to Love* a *Thinking about God*.

Yn fuan ar ôl i'r Ail Ryfel Byd ddod i ben ymwelodd ag Israel ac â'r athronydd Iddewig, Martin Buber, gŵr a oedd eisoes wedi dylanwadu'n drwm ar ei dealltwriaeth o hanfodion crefydd. Dywed iddi ei chyflwyno'i hunan i Buber fel 'diwinydd', ac iddo yntau ymateb trwy ofyn, ar ôl pendroni'n dawel am beth amser, 'Sut y byddwch chi'n ymarfer diwinyddiaeth, oherwydd nid oes *logoi* (geiriau) i'w hadrodd am Dduw? Mewn archaeoleg ac ornitholeg, fel mewn llawer o ddisgyblaethau eraill, daw gwybodaeth trwy gyfrwng geiriau. Ond y mae Duw'n wahanol.' Meddai Sölle: 'Cymerodd ddeugain mlynedd imi ddirnad yn llawn sylw Buber, nad trwy eiriau, ond trwy ein bywydau y byddwn yn cyfathrebu â'n gilydd am Dduw.'

Yn *Thinking about God* dyfynna o un o storïau Bertold Brecht: 'Holodd rhywun Herr Keuner a oedd Duw yn bod? Meddai Keuner, "Byddwn yn eich cymell i ystyried a fyddai eich ymarweddiad yn newid mewn unrhyw fodd o ganlyniad i'ch ateb i'r cwestiwn. Pe na byddai'n newid, gwell fyddai hepgor y cwestiwn. Pe byddai'n newid, yna, o leiaf, byddech eisoes wedi penderfynu bod arnoch angen Duw".' Ychwanega Sölle: 'Y mae'r ateb yr un mor berthnasol i Grist. Os na newidir ein hymddygiad yn sylfaenol o ganlyniad i'n perthynas ag ef, prin fod unrhyw ddiben gofyn y cwestiwn Cristolegol yn y lle cyntaf.'

Nid gras mo gras os nad amlygir ef mewn gwasanaeth. Dyma bwyslais y ddwy chwaer y mae eu gweithiau'n dal i'n herio a'n hysbrydoli.

Lleoedd

Y Mannau Tenau

Braf, yn ddiweddar, oedd cael cyfle i hamddena am ychydig ddyddiau, rhwng dau Sul, ar yr Ynys Werdd. O ran arwynebedd y mae Iwerddon yn wlad brydferth anghyffredin, a'r miloedd coed a'r amrywiol arlliwiau o wyrdd yn creu panorama sy'n wledd i'r llygad. Yn economaidd ymddengys bod Iwerddon yn mynd trwy gyfnod o ffyniant mawr, a'r tai newydd, crand ar ymylon pob tref a phentref, yn brawf o hynny. Yn y gorffennol fe brofodd y taleithiau deheuol gyni affwysol, a'r newyn mawr yn gorfodi'r miloedd i ymfudo i'r Unol Daleithiau er ceisio sicrhau amgenach byd. Gwyrdrowyd y sefyllfa honno'n llwyr erbyn hyn. Deallodd y Gwyddel yn iawn sut mae troi ffrydiau cymorthdaliadau Ewrop i'w afon ei hun, ac yn hyn o beth y mae gwers ddigamsyniol i ninnau'r Cymry.

Y mae cyflwr y ffyrdd a'u harwyddbyst yn stori arall. Un rheswm am eu cyflwr gwael yw bod poblogaeth cefn gwlad yn gymharol isel (dinasoedd Cork, Dulyn a Limerick yw'r canolfannau poblog) fel nad oes gyfiawnhad dros wario'n afrad ar yr heolydd. O leia, dyna ddadl y gwleidyddion! Rheswm arall yw bod y Rhufeiniaid wedi dewis peidio â meddiannu'r ynys; pe baent hwy wedi gwladychu yno, yn sicr buasai'r ffyrdd yn fwy unionsyth, ac yn llai troellog a thrafferthus.

Daw hyn â ni at gwestiwn diddorol. Gan na fu'r Rhufeiniaid yno, pwy a fu'n gyfrifol am osod trefn weinyddol a masnachol ar yr ynys? Yr ateb, yn syml, yw: y mynachlogydd. Roedd Cristionogaeth wedi gwreiddio'n gynnar yn Iwerddon, hyd yn oed cyn dyfodiad Padrig, ac fe ledodd ei dylanwad mewn byr amser. Erbyn diwedd y chweched ganrif roedd dros wyth gant o fynachlogydd wedi eu hadeiladu gan ffurfio rhwydweithiau gweinyddol ac economaidd. Ac ynghyd â bod yn ganolfannau masnach, hwy hefyd oedd cartrefi diwylliant, cyfraith a dysg. Erbyn yr wythfed ganrif, pan oedd gweddill Ewrop yng nghanol hirnos yr Oesoedd Tywyll, roedd llên, celfyddyd a chrefftwaith o'r safon uchaf yn cael eu cynhyrchu yn y cymunedau diarffordd hyn yn Iwerddon bell. Erys o hyd enghreifftiau ysblennydd o waith y crefftwr aur ac arian, megis Cwpan Cymun Ardagh a Broetsh Tara. Ac y mae Llyfr Kells, y llawysgrif addurnedig sy'n cynnwys y pedair efengyl wedi eu llythrennu yn y modd mwyaf cain a phrydferth, yn fyd-enwog. Erbyn hyn arddangosir y copi gwreiddiol yng Ngholeg y Drindod, Dulyn.

Yn anad dim, wrth gwrs, roedd y mynachlogydd, a'u pwyslais ar yr *opus dei*, ac ar fywyd wedi ei batrymu ar weddi a defosiwn, yn ganolfannau ysbrydol pwerus. Yn y rhifyn Mai/Mehefin o *Cristion* ceir erthygl hynod werthfawr gan Donald Allchin ar Pennant Melangell, yr eglwys hynafol y tu allan i Lanfyllin yng ngogledd Cymru a fu, ar hyd y blynyddoedd, yn gyrchfan pererindod ac yn ganolfan iacháu. Dywedir am Bennant Melangell, fel y dywedir am Iona a Thyddewi ac Asisi, ei fod yn 'lle tenau iawn', hynny yw, yn fan lle y teimlir bod y ffin rhwng y byd hwn a'r byd tragwyddol bron yn peidio â bod. Dyna a deimlwyd wrth ymweld â rhai o fynachlogydd, abatai ac eglwysi Iwerddon. Yn sicr y mae yno flas y cynfyd, ond yn fwy na hynny fe brofir yno hefyd o rin yr Ysbryd ac o bresenoldeb y peth byw.

Fe gofiwn am ddisgrifiad y bardd rhamantaidd William Wordsworth o'r profiad a gafodd wrth grwydro'r bryniau uwchben Abaty Tyndyrn yng Ngorffennaf, 1798:

> *And I have felt*
> *A presence that disturbs me with the joy*
> *Of elevated thoughts; a sense sublime*
> *Of something far more deeply interfused,*
> *Whose dwelling is the light of setting suns,*
> *And the round ocean and the living air,*
> *And the blue sky, and the mind of man . . .*

Y mae hyn oll yn brawf o'r apêl eang a'r dylanwad dwfn a fu unwaith gan y bywyd ysbrydol. Teimlai pobl fod Duw yn 'llond pob lle' a bod y nef yn 'agos, agos'. Bu tro syfrdanol ar fyd. Mae'r ffaith fod cynifer o'r hen gadarnleoedd ysbrydol yn Iwerddon bellach yn adfeilion yn dweud llawer am feddylfryd ein hoes a'n cyfnod. Seciwlareiddiwyd y meddwl a'r gymdeithas ddynol ac fe adawyd ar ôl yn ein hymwybyddiaeth yr hyn a alwyd gan Aldous

Huxley yn 'God-shaped blank'. Yn economaidd ac yn faterol y mae Iwerddon, bellach, yn ffynnu, tra bo'r deml yn adfail a'r Ffydd, megis Llyfr Kells, yn yr amgueddfa ym Mhrifysgol Dulyn, yn un o greiriau'r gorffennol.

Y tu allan i nifer o eglwysi ac abatai Iwerddon gwelir, yn hynod ddigon, dŵr main a chrwn. Dyma rywbeth anghyfarwydd i ni yng Nghymru. I'r tyrau hyn yr enciliai'r mynaich am ddiogelwch pan fyddai'r gelyn, yn arbennig y Llychlynwyr, yn ymosod ar eu tiriogaeth. O gloi eu hunain i mewn yn y meindwr uchel ni allai'r ymosodwr gael hyd iddynt yn hawdd. Mewn oes pan fo cyfrwysach a pheryclach gelyn na hyd yn oed gwŷr Llychlyn yn bygwth ein treftadaeth, pa dyrau a godwn ninnau i gadw'r mur rhag y bwystfil?

Tre'r Sosban

Ar drothwy Eisteddfod Llanelli dymunwn bob llwyddiant i'r ŵyl, i'r trefnyddion a'r arweinwyr a'r cystadleuwyr oll. Gwyddom ymlaen llaw, a hynny o brofiad, y bydd croeso trigolion tre'r Sosban, a'r cyffiniau, yn berwi drosodd, ac y bydd angen mwy na 'sosban fach' i gynnal eu brwdfrydedd a'u heiddgarwch. Lleolir y maes ar lecyn hynod brydferth, a'r golygfeydd o Fro Gŵyr a thraeth Cefn Sidan yn ddiguro. O gael tywydd ffafriol bydd yn fan cyfarfod gyda'r mwyaf dymunol, a hynny'n sicr yn ychwanegu at y boddhad o gael mynychu ein gŵyl fawr genedlaethol.

I'r rhai ohonom a godwyd yn Llanelli (yn ardal y Doc Newydd a Machynys, lle bydd y maes parcio swyddogol), y mae lleoliad y pafiliwn yn achos rhyfeddod, ac yn fodd inni sylweddoli cymaint newid a fu yn hanes y dre yn ystod y degawdau diwethaf hyn. Yn ystod ein plentyndod, y tiroedd ar lan y môr (lle nawr yr agorwyd y ffordd arfordirol newydd) oedd safle'r gweithfeydd dur ac alcam, a'r simneiau uchel (a arllwysai eu cynddaredd myglyd i'r awyr heb unrhyw barch i'r amgylchedd), a'r dociau prysur a'r rheilffyrdd swnllyd. Erbyn hyn symudwyd y rhan fwyaf o'r creithiau diwydiannol, a phlannwyd yn eu lle erwau o dir glas yn ymestyn allan at draeth a môr.

Nid hwn yw'r unig newid a welwyd yn Llanelli. Ynghlwm wrth y broses o ddymchwel y diwydiannau trymion cafwyd newidiadau diwylliannol mawr. Gynt, nodweddid tafodiaith gwŷr Llanelli gan dermau tra anghyffredin megis 'corowls' (cold rolls); y 'tew' (y darn haearn a rowliwyd gyntaf yn y felin); 'behinder' a 'dwblwr' (y gŵr a dderbyniai'r plât a'i ddyblu cyn ei osod yn ôl i'w ail wasgu – gwaith hynod beryglus); 'pedware' ac 'wythe' (mesurau'r gwahanol blatiau); 'shero' (y broses o dorri darn metel yn blatiau o faintioli arbennig – a'r merched yn 'agor' y platiau unigol). Ac eithrio yn sgwrs y genhedlaeth hŷn diflannodd yr eirfa hon bron yn gyfan gwbl, prawf o'r modd yr effeithir ar iaith gan ffactorau cymdeithasegol.

Erys safle'r Gymraeg yn gymharol gryf yn yr ardal, yn arbennig, felly, yn y pentrefi a'r cymunedau sy'n amgylchynu'r dref. Nac anghofiwn mai yn Llanelli, yn 1947, y sefydlwyd yr ysgol Gymraeg gyntaf o dan adain unrhyw awdurdod addysg yng Nghymru (a Miss Olwen Williams yn brifathrawes), a'r addysg Gymraeg hon yn fodd i godi gwrth-glawdd yn erbyn y môr o Seisnigrwydd a lifai i mewn i'r fro. Eithr nid yr un yw Cymraeg heddiw a ddoe, ac y mae hyd yn oed yr acen, heb sôn am y derminoleg, yn wahanol.

Hwyrach, hefyd, i'r gymdeithas glòs, agos-atoch, a oedd mor nodweddiadol o'r dre, edwino. Trodd mentrau Raby a Tregoning a Nevill, yr arloeswyr diwydiannol cynnar, y dreflan wledig, glan-môr (sef yr hyn oedd Llanelli ar ddechrau'r bedwaredd ganrif ar bymtheg) yn dre fawr a phrysur. Ond roedd y gwaith mewn ffowndri a glofa o natur anarferol o beryglus ('danjerus' fydde gair Llanelli), ac y mae perygl yn fodd i uno cymdeithas ac i greu'r ymdeimlad o gyd-ddibyniaeth. Erbyn hyn aeth bywyd yn fwy unigolyddol, a phobl yn tueddu bod yn fwy annibynnol ar ei gilydd. Er i gynifer o'r gweithfeydd gau, nid yw lefel diweithdra'n uwch yn Llanelli heddiw nag yr oedd hanner can mlynedd yn ôl. Y gwahaniaeth yw fod pobl yn llawer parotach i deithio'n ddyddiol – i Abertawe a Chaerdydd, a hyd yn oed i Gasnewydd a Bryste – i ennill eu tamaid, ac y mae gan y sawl sy'n byw ar olwynion lai o amser i gymdeithasu.

O bob newid, ni bu un yn fwy na'r un crefyddol. Bu amser pan oedd Llanelli'n fwrlwm o weithgaredd capelyddol. Nid am ddim y'i galwyd yn 'Feca' y Bedyddwyr, yn wir yn gadarnle i bob un o'r enwadau Ymneilltuol Cymraeg. Saif y capeli enfawr, urddasol (sydd erbyn hyn yn dechrau dangos eu hoed) yn dyst i ymdrech y tadau i adeiladu temlau a fyddai'n adlewyrchu ffyniant ysbrydol (heb sôn am lwyddiant tymhorol) y cyfnod. A buont lawn, Sul a noson waith, pan oedd hi'n ŵyl bregethu neu'n gymanfa ganu. Fe'u gwasanaethwyd gan weinidogion gwir ddisglair – Lleurwg, Jubilee Young (Seion); Dr Rowlands, W. R. Watkin (Moriah): David Rees a D. J. Davies (Capel Als); Elfed yn eglwys Saesneg Park Street. Oes aur yn wir.

Yn y cyfnod a ddarlunnir uchod roedd crefydd a diwylliant yn un. Roedd y capel, a chyhoeddi'r Efengyl yn brif amcan iddo, hefyd yn amddiffynfa i'r iaith, a'r festri'n fan cyfarfod i Gymdeithas y Cymrodorion a'r Undebau Llafur. Sawl drama a chyngerdd a darlith gyhoeddus a lwyfannwyd mewn festri neu gapel? Nid oedd ysgariad rhwng y crefyddol a'r seciwlar. Roedd bywyd yn gyfanwaith diwnïad, a phobl, wrth gyd-lafurio a chyd-addoli, yn teimlo eu bod yn perthyn i un teulu mawr. I raddau helaeth, erbyn hyn, ysgarwyd rhwng crefydd a chymdeithas. Mae'n drist meddwl i'r adfywiad yn hanes y Gymraeg ddigwydd, gan fwyaf, y tu allan ac nid y tu mewn i'r capeli. Ac eto, ni bydd cyfraniad y capel i'r Eisteddfod eleni yn ansylweddol. Gallwn fentro y bydd nifer o aelodau Côr yr Eisteddfod yn aelodau mewn eglwys ac y bydd nifer fawr o ymarferion drama a chyd-adrodd wedi eu cynnal mewn festrïoedd. Er i'r hen draddodiad wanhau, ni chiliodd yn llwyr o'r tir, ac y mae hynny'n hwb i'r galon. Hir y parhao, oherwydd un yw bywyd yn ei hanfod.

Adeiladu'r Dyfodol

Dro'n ôl dyma dreulio penwythnos yng nghyffiniau Caerloyw, a chael profiad cyfoethog wrth addoli, a chymuno, ar y bore Sul, gyda'r gynulleidfa (gymedrol o ran maint) yn yr eglwys gadeiriol. Fel y digwyddai, hwn oedd y bore Sul pan oedd organ y gadeirlan yn cael ei defnyddio am y tro cyntaf yn dilyn cyfnod o adnewyddu costus, a chafwyd datganiadau gwefreiddiol o rai o weithiau eglwysig Bach a Handel. Does dim fel sain organ bib i gynhyrfu'r emosiynau ac i godi'r ysbryd i dir uchel.

Ar y Sadwrn cyn y Sul dyma droi i mewn yn hamddenol ddigon i un o siopau llyfrau nid anenwog y ddinas. Un o'r cyfrolau y rhoddwyd sylw arbennig iddi ar y bwrdd wrth y brif fynedfa oedd llyfr Simon Jenkins (un o golofnwyr *The Times* a'r *Evening Standard*, a gŵr a holir o bryd i'w gilydd ar raglenni trafod-newyddion megis *Newsnight*), *England's Thousand Best Churches*. Anodd oedd osgoi'r demtasiwn i fodio'r tudalennau (fe lwyddwyd i ochel y demtasiwn i brynu!) a chafwyd achos i ryfeddu at fanylder y gwaith ynghyd â'r darluniau trawiadol o rai o eglwysi gwychaf a godidocaf Lloegr. Nid pawb a fyddai'n cytuno â detholiad yr awdur, ac yn sicr y mae rhai eglwysi hynafol a hanesyddol wedi eu hepgor, ond heb amheuaeth y mae'r gyfrol yn llwyddo i bortreadu pensaernïaeth eglwysig Lloegr ar ei gorau, ac i dystio i gyfoeth anhygoel y traddodiad pensaernïol hwnnw.

Dyma droi at ragair yr awdur, a darllen y sylw canlynol: 'Fe fu'r eglwysi hyn, ac y maent o hyd, yn ogoneddus. Y maent megis amgueddfa gyfunol o gelfyddyd frodorol nad oes mo'i thebyg yn y byd i gyd'. Eglwys yn amgueddfa! Dyma ddarllen ymlaen: 'Clywaf bobl yn dweud, "Nid amgueddfa mo'r adeilad hwn ond man addoli". Nid wyf yn cytuno. Y mae'r eglwys yn amgueddfa, a dylai ymfalchïo yn y ffaith. Ni all unrhyw ffydd apostolaidd wadu ei gorffennol, ac ni ddylai unrhyw eglwys blwyf anghofio ei bod yn ddyledus am ei gwychder i ymdrech a llafur a chariad y gymuned Anglicanaidd, yn wir y gymuned gyfan, nid heddiw'n unig, ond ar hyd canrifoedd hanes.'

Y mae'n ddigon hawdd gweld y pwynt, a hyd yn oed i gydymdeimlo â safbwynt Simon Jenkins, i ryw fan. Y mae ein heglwysi o werth celfyddydol, ac y maent yn tystio'n huawdl i ddawn a dychymyg cynllunwyr a chrefftwyr ac adeiladwyr y gorffennol, heb sôn am aberth y werin a gyfrannodd mewn llawer o achosion at y gost sylweddol o'u hadeiladu. Ond eglwys yn amgueddfa? Na, mae rhywbeth yn y gosodiad sy'n anghydnaws â'r traddodiad y'n maged ninnau ynddo, traddodiad sydd wedi arfer diffinio eglwys yn nhermau cymdeithas y saint a chymuned ffydd, ac nid yn nhermau meini a choed. I unrhyw Ymneilltuwr, mae rhywbeth yn od ac yn chwithig ynghylch dadl Simon Jenkins.

Yn ddiweddarach y p'nawn Sadwrn hwnnw dyma fynd ymlaen i dref hynafol Tewkesbury, ac ymweld â'r abaty – eglwys sydd, o ran ei chynllun a'i phatrwm, yn olau anghyffredin. Cyn camu i mewn i'r adeilad dyma sylwi ar eiriau a hoeliwyd ar ddrws y brif fynedfa, sef drws mawr y gorllewin: 'Gwir drysorau'r eglwys hon yw'r Efengyl a gyhoeddir o'i mewn; y traddodiadau y mae'n eu corffori; gweddïau a chredoau y rhai sy'n addoli ac sy'n gwasanaethu ynddi. Gweddïwch, os gwelwch yn dda, dros y rhai sy'n gweithio a gweinidogaethu yma; dros y rhai sydd mewn angen; a throsoch eich hunan – gan gofio fod eraill hefyd yn gweddïo yr un pryd â chwithau.'

Yr Efengyl yn wir drysor yr eglwys. Mae hynny'n nes ati, siŵr o fod. A'i phobl, yr addolwyr a'r credinwyr, ymhlith ei hasedau mwyaf gwerthfawr. Dyma nesáu yn awr at y cysyniad o eglwys fel pobl Dduw, ac yr ŷm ninnau, Ymneilltuwyr, yn hapusach ac yn fwy bodlon. Ac eto, onid oes perygl mawr y dyddiau hyn i hyd yn oed yr Ymneilltuwr mwyaf brwd syrthio i'r un fagl â Simon Jenkins, a rhoi mwy o bwys ar yr adeilad ei hun nac ar y rhai sy'n cyfarfod ynddo, a'r hyn sy'n digwydd oddi mewn iddo? Cyfrwng yw capel, ac nid diben ynddo'i hun. Os yw wedi goroesi cyfnod ei ddefnyddioldeb nid yw ei gau yn ddiwedd y byd nac yn gyfystyr â phechod yn erbyn yr Ysbryd Glân. Nid oes pwrpas i'r gragen heb y bywyd oedd yn arfer byw ynddi; dyna pam y lluchir hi ar y tywod gan ymchwydd y don.

Meddai Rhys Prydderch: 'Ni ddylid cysegru lle i weddïo, ond yn hytrach dylid gweddïo er mwyn cysegru'r lle'. Heb weddi a mawl, heb bregeth a sacrament, a heb y bobl sy'n cyfrannu iddynt ac yn cyfranogi ohonynt ac sy'n ymffurfio'n deml i'r Arglwydd o dan arweiniad yr Ysbryd Glân, a oes unrhyw ddiben o gwbl mewn cynnal a chadw'r lle?

Yr Uchaf yn Teilyngu'r Gorau

Fel rhan o weithgarwch 'Cymdeithas' eglwysi fy ngofal y tymor diwethaf hwn dyma drefnu ymweliad ag Eglwys y Carcharorion yn Henllan, Felindre. Mae'r hanes y tu ôl iddi yn ddiddorol ac yn ddadlennol anghyffredin. Cyrhaeddodd y fintai gyntaf o garcharorion y gwersyll yn 1943. Eidalwyr oeddent, a gipiwyd yn ystod y brwydro yng Ngogledd Affrig. Daethant i sylweddoli'n fuan pa mor ffodus oeddent o'u cael eu hunain yng Nghymru. Roedd eu hymborth beunyddiol o safon dra derbyniol; nid oeddent yn cael eu gorlethu gan waith; ac roedd ganddynt fesur o ryddid i symud i mewn ac allan ymhlith pobl y pentref. Serch hynny, yr oeddent yn dal yn garcharorion, ac fel Catholigion pybyr roedd y ffaith nad oedd ganddynt eglwys (Babyddol) i addoli ynddi yn eu haflonyddu. Mae'n debyg fod pennaeth y gwersyll yn llawn ddeall eu cais am fan addoli, ac yn cydymdeimlo'n llwyr â'u dymuniad, ond nid oedd ganddo le gwag i'w gynnig iddynt. O ganlyniad i hyn, yr hyn a wnaeth y carcharorion oedd gwagio un o'u cabanau cysgu a'i addasu'n gapel Catholig. Ymhen tri mis yr oedd yn barod i'w gysegru. Er gwaethaf traul y blynyddoedd, a churiadau'r gwynt a'r glaw, deil yr adeilad ar ei draed, ac fe dry ymweliad ag ef yn bererindod ysbrydol, heb i rywun fod yn ymwybodol o hynny, rywsut. Beth ellir ei ddweud am y lle?

1. *Eglwys ydyw a godwyd ar dir a daear estron.* Roedd yr Eidalwr o garcharor ddau can milltir o gartre. Roedd hi'n adeg rhyfel, ac yntau'n gaeth. Serch hynny (ac efallai, yn rhannol, oherwydd hynny) ymglywai â'r alwad i addoli. Felly, mewn gwlad estron a dieithr (nid 'wrth afonydd Babilon' y tro hwn, ond ar lannau'r Teifi) mynnodd godi capel iddo'i hun, cysegr a fyddai'n llecyn cysegredig iddo, ac yn fan cyfarfod rhyngddo ef a'i Dduw.

Dyma hanes sy'n cadarnhau'r gred fod dyn, yn nwfn ei enaid a'i bersonoliaeth, yn addolwr. Gwir a gyffesodd Awstin Sant: 'Tydi a'n creaist i Ti dy hun, a diorffwys yw ein calonnau hyd oni orffwysont ynot Ti'. Gellir dadlau ein bod ninnau'n byw heddiw mewn awyrgylch estron (*The Waste Land*, ys dywedodd T. S. Eliot), mewn byd mecanyddol, peirianyddol, seciwlar, materol a di-enaid lle mae Duw wedi ei ddiorseddu a'i alltudio, a'i ddyfarnu'n amherthnasol i feddylfryd y dyn cyfoes. Ac eto, fel y dangosodd cymdeithasegwyr crefydd megis John Drane a Grace Davie, ceir mwy a mwy o dystiolaeth fod pobl yn ein trefi a'n cymunedau yn chwilio'n daer am ddimensiwn ysbrydol i'w bywydau. Os bu cefnu ar grefydd gyfundrefnol, ac ar yr eglwys fel sefydliad, ni pheidiodd dyn â hiraethu a sychedu am y Duw byw.

2. *Eglwys ydyw a godwyd o'r defnyddiau mwyaf amrwd a chyffredin.* Hen focsys tun, hen hoelion dur, hen ddodrefn a hen ddarnau o bren, hen gloch (a

symudwyd yn ddirgelaidd un noson dywyll o ffermdy cyfagos) – dyma'r deunydd crai, digynnig i bob golwg, a drowyd mewn byr amser yn gapel hardd. Van Gogh (yr arlunydd byd enwog oedd â'i fryd, yn ifanc, ar fynd yn offeiriad) a ddywedodd mai Iesu yw artist mwyaf y canrifoedd gan i'r defnyddiau a oedd ganddo ar y dechrau i godi eglwys fod mor anaddawol a di-lun. Ac felly y bu ar hyd yr oesau. Gwir a ddywed Paul mai pethau 'ffôl' a 'gwan' a 'distadl' y byd a ddewisodd Duw i hyrwyddo'i waith. Ac nid oedd yr apostol yn ôl mewn atgoffa'r Corinthiaid nad oedd llawer ohonynt yn 'ddoeth yn ôl safon y byd', nac yn 'wŷr o awdurdod', nac 'o dras uchel'. Troi pysgotwr dinod yn bregethwr mawr y Pentecost, ac erlidiwr y saint yn apostol y Cenhedloedd – dyna wyrth gras. A dyna ryfeddod yr eglwys. Ni alwyd neb ohonom i waith y Deyrnas oherwydd yr hyn ydym, ond yn hytrach oherwydd yr hyn y gallwn fod, trwy ras. Nid canolbwyntio ar y gwendidau a wna'r Meistr, ond ar y posibiliadau. Gweld potensial sant yn y pechadur gwaetha'i ryw.

3. *Eglwys ydyw sy'n brawf fod yr uchaf yn haeddu dim llai na'r gorau.* Na, nid (yn yr achos arbennig hwn) y gorau o ran defnyddiau, ond yn sicr y gorau o ran dawn a chrefft, talent a dychymyg, i droi'r pethau mwyaf cyffredin yn gampwaith. Siapio darnau tun ar ffurf sgrôl, a'u paentio'n gelfydd, nes rhoi'r argraff eu bod yn batrymau cywrain ar ben colofn o farmor. Codi mur concrid o flaen yr allor, ei liwio'n wyn, ac yna tynnu llinellau main drwy'r cyfan nes dynwared carreg y buasai Michelangelo

wedi bod yn falch o gael gweithio arni. Ac o gwmpas yr adeilad y darluniau mwyaf trawiadol o Iesu a'i fam, o orsafoedd y Groes a'r Swper Olaf, a'r paent a'r amrywiol liwiau (sy'n dal mor llachar heddiw ag erioed) wedi eu gwasgu o flodau a phlanhigion gwyllt. Y mae'r gwaith gorffenedig yn ddim llai na rhyfeddod. Caban mewn gwersyll rhyfel yn ennyn yr un ymateb â phe baem yn syllu ar un o eglwysi ysblennydd Fflorens! A'r cyfan er rhoi gogoniant i Dduw.

Ydy, mae Eglwys y Carcharorion yn adrodd yn huawdl am anian dyn, ac am y defosiynoldeb hwnnw a fyn fod yr 'Hwn fu farw ar y groes' yn teilyngu dim llai na'r gorau. Profiad diangof oedd y cyfle i ymweld â hi.

Pynciau Cyfoes

Deuwn ac Addolwn

Y mae Cymdeithas CYSAGau Cymru (CYSAG = Cyngor Ymgynghorol Sefydlog ar Addysg Grefyddol – ac mae'n ofynnol i bob awdurdod addysg drwy'r wlad sefydlu cyngor o'r fath) yn bwriadu trefnu cynhadledd yn y dyfodol agos i drafod y gwasanaeth boreol yn ein hysgolion. Ymddengys bod y sefyllfa bresennol yn anfoddhaol ac erbyn hyn ceir pwysau cynyddol o sawl cyfeiriad (er enghraifft o du'r prifathrawon ac undebau'r athrawon) i roi ystyriaeth ofalus i'r mater.

O dan Ddeddf Addysg 1988 y mae'n ddyletswydd statudol ar bob ysgol, cynradd ac uwchradd, i ddarparu act ddyddiol o addoliad i'w disgyblion. O ran ei gynnwys y mae'r addoliad hwn i fod yn Gristnogol, yn bennaf (er bod rhyddid i roi sylw i elfennau o grefyddau eraill ar wahân i Gristion-ogaeth), ac y mae hefyd i adlewyrchu cefndir, oedran a chyrhaeddiad y plant y darperir ar eu cyfer. Nodir tair egwyddor bwysig mewn perthynas â'r addoliad ysgol: yn gyntaf, y mae i fod yn *gynhwysol* (hynny yw, dylai pob plentyn, beth bynnag ei brofiadau a'i ddaliadau, elwa ohono); yn ail, y mae'n rhaid iddo fod yn *ysbrydol*, ac felly'n wahanol i'r hyn sy'n digwydd yn ystod gweddill y diwrnod ysgol; ac yn drydydd, dylai fod yn *addysgol* (hynny yw, nid yw i fod yn bropaganda enwadol neu sectyddol nac yn gyfle i wthio syniadau crefyddol i lawr gyddfau'r plant; yn hytrach ei swyddogaeth yw cyfrannu at ddatblygiad deallusol, ysbrydol a moesol y disgyblion).

Dyna'r ddelfryd; y mae realiti'r sefyllfa ychydig yn wahanol. Y mae lle i gredu nad yw'r addoliad dyddiol (gyda llaw, nid oes raid iddo fod yn foreol) yn cael ei gynnal yn rheolaidd ym mhob ysgol. Yn aml iawn, yn enwedig mewn ysgolion uwchradd niferus, nid yw'n bosibl trefnu i'r ysgol gyfan ymgynnull mewn un man gan nad yw'r neuadd neu'r gampfa o faint digonol. O ganlyniad cynhelir gwasanaethau dosbarth yn yr ystafelloedd cofrestru a disgwylir i bob athro dosbarth (beth bynnag ei gymwysterau a'i ddaliadau, neu ei ddiffyg daliadau) arwain yr addoliad. Hyd yn oed pan yw'n bosibl cynnal cynulliad i'r ysgol gyfan nid yw'n dilyn y try'r cyfarfyddiad hwnnw yn 'wasanaeth', yn yr ystyr arferol i'r gair. Oherwydd ni ellir gorfodi yr un plentyn (yn wir ni ellir gorfodi neb) i addoli gan fod addoli yn ei hanfod, yn weithred wirfoddol. Os nad yw calon y plant yn yr hyn a gyflwynir o'r llwyfan, os ydynt yn ei chael hi'n anodd canolbwyntio, os o dan orfodaeth yn unig yr ymunant yn y mawl a'r gweddïau, onid oes perygl i'r arferiad wneud mwy o ddrwg nag o les?

Mae'n bwysig cofio nad eglwys mo'r ysgol ac na ddylid disgwyl iddi gyflawni'r hyn sy'n briod waith y gymuned ffydd. Ac ni ellir anwybyddu'r ffaith bod ein cymdeithas erbyn hyn yn un aml-gred ac amlddiwylliant. A fyddem yn barod i weld y neuadd ysgol yn cael ei throi nid yn unig yn gapel neu'n eglwys ond hefyd, o bosibl (er mwyn cyfarfod ag anghenion plant o gefndiroedd gwahanol) yn fosg, yn gwrdwara neu yn deml ddwyreiniol?

Sut, felly, y mae ymlwybro i'r dyfodol? Y mae nifer o addysgwyr o'r farn mai'r peth gorau fyddai adolygu deddf 1988 a dileu'r cymal ynglŷn â'r addoliad ysgol yn gyfan gwbl. Byddai hynny'n golygu amddifadu'r mwyafrif o'n disgyblion ysgol o'r unig gyfle a gânt i gael profiad o weddi a defosiwn gan na fyddant odid fyth yn mynychu nac oedfa nac Ysgol Sul. Y mae un peth yn gwbl eglur. Os yw'r gwasanaeth ysgol i oroesi bydd yn rhaid iddo fod yn ystyrlawn ac yn berthnasol i anghenion a phrofiadau'r plant. Bydd yn rhaid neilltuo amser penodol iddo (nid ei gynnal ar wib), a'i ariannu'n deilwng er mwyn diogelu bod yr adnoddau a'r cyfarpar gorau yn cael eu defnyddio ar ei gyfer. Eisoes fe baratowyd canllawiau a defnyddiau ardderchog gan grwpiau o athrawon ymroddedig, a buasai'n drueni mawr gweld y cyfryw ddeunydd yn cael ei daflu i'r fasged.

Yn ddiweddar cafwyd arbrawf diddorol yn ysgolion yr Alban. Yno ni chynhelir yr addoliad yn ddyddiol ond yn achlysurol. Ceir llai o wasanaethau ond anelir at wneud y gwasanaethau hynny yn fwy effeithiol, gan eu gwau o gwmpas themâu y gwyliau mawr megis y Nadolig, y Pasg, y Sulgwyn a Diolchgarwch. Tybed a welir CYSAGau Cymru'n argymell y dylai ein hysgolion ninnau fabwysiadu patrwm tebyg yn ystod y blynyddoedd nesaf?

Ymgyrchoedd Efengylu

A ninnau newydd ddathlu'r Sulgwyn y mae'r cwestiwn sut orau i gyfathrebu'r Efengyl yn dal i'n haflonyddu. O dan ddylanwad yr Ysbryd Glân fe lwyddodd yr apostolion i gyflwyno eu cenadwri mewn modd eglur a pherthnasol a bu'r ymateb yn rhyfeddol. Yr hyn sy'n bryder gwirioneddol i ninnau yw'r ffaith inni fethu yn ein hymdrech i gyflwyno'r neges, a thra'n cydnabod fod llawer o'r bai yn syrthio arnom ni ein hunain, nid ydym yn ôl mewn beio'r oes faterol, seciwlar yr ŷm yn byw ynddi am ei chalon-galedwch a'i diffyg diddordeb. Dywedodd un o'n diwinyddion i'r oes hon gynhyrchu math ar gymeriad nad yw'n bosibl ei gyrraedd â neges yr Efengyl. Tybed?

Sut mae efengylu? Cred rhywrai fod cynnal ymgyrchoedd yn ffordd effeithiol o gyrraedd pobl. Ganol Mai daeth gŵr o'r enw Peter Johnson, sy'n hannu'n wreiddiol o Stoke-on-Trent, i gynnal 'Digwyddiad Cristnogol' neu 'Ŵyl Sulgwyn' ar faes y Sioe Amaethyddol yng Nghaerfyrddin, ac yntau wedi ei argyhoeddi fod hyn oll yn ganlyniad i arweiniad arbennig yr Ysbryd. Bu'n gyfle i bobl ddod â'u carafannau a'u pebyll (paratowyd 750 o safleoedd) i wersylla am dridiau, i fynychu'r cyfarfodydd cyhoeddus, ynghyd â manteisio ar yr amrywiol stondinau, arddangosfeydd a gweithgar-eddau i'r ifanc. Gwahoddwyd rhai o sêr y cyfryngau sydd o berswâd Cristnogol i gymryd rhan – person-oliaethau megis Cannon & Ball, Paul Jones (Manfred Mann) a'i briod Fiona Hendley, Mary Miller yr actores, ynghyd â'r 'efengylwr' J. John, a Dwight Smith o Genadaethau Unedig y Byd. Y bwriad yw cynnal sioe debyg yn flynyddol o hyn ymlaen i fyny at y mileniwm.

Cymysg fu'r ymateb i'r ymgyrch. Mynegodd Pwyllgor Efengylu Cymanfa Bedyddwyr Caerfyrddin a Cheredigion 'peth anfodlonrwydd' gan na fu mwy o 'gydweithrediad â'r eglwysi lleol'. Y gwir amdani yw i'r trefniadau i gyd gael eu cwblhau cyn i weinidogion tref Caerfyrddin gael eu hysbysu'n swyddogol o'r hyn oedd yn yr arfaeth. Ar y cychwyn roedd y ddarpariaeth o ran llenyddiaeth (pamffledi, posteri a llyfrynnau), er yn lliwgar a deniadol i'r llygad, yn uniaith Saesneg. Dylid ychwanegu i beth llenyddiaeth Gymraeg gael ei pharatoi ac i rai cyfarfodydd Cymraeg gael eu trefnu ar ôl i arweinwyr lleol dynnu sylw at yr angen amdanynt.

Fe gyfyd cwestiwn ynghylch y priodoldeb o gynnal ymgyrchoedd efengylu o gwbl. Dengys yr ystadegau mai cyfyng iawn yw eu dylanwad, ac mai ychydig elw yn unig a ddaw i ran yr eglwysi lleol o ganlyniad i'w cynnal. Ac mae'n debyg mai cyfartaledd isel yn unig o'r rhai a argyhoeddir ar y funud, ac a 'ddaw ymlaen' i gyflwyno eu hunain i Grist, sy'n parhau'n ffyddlon ar ôl hynny. Ymddengys rhai o'r 'efengylwyr' fel sêr gwib yn y ffurfafen, a'u hymadawiad yr un mor sydyn â'u hymddangosiad. Gellir meddwl am unigolion fel Peter Scothern a Luis Palau (ymgyrch 'Dweud wrth Gymru'). Ac yn awr wele bersonoliaeth arall yn dod i amlygrwydd.

Ni chefnogai Dr Martyn Lloyd-Jones ymgyrchoedd o'r fath oherwydd y perygl iddynt roi'r argraff fod modd 'trefnu' diwygiad. Dadleuai ymhellach nad rhywbeth sy'n digwydd *trwy'r* eglwys yw diwygiad, ond yn hytrach rhywbeth sy'n digwydd *i'r* eglwys, hynny yw, y mae hithau ei hun yn cael ei bywhau a'i gweddnewid, ac o ganlyniad i hynny fe lifa bywyd newydd allan ohoni a thrwyddi i'r byd oddeutu. Onid Ambrose Bebb a arferai wahaniaethu rhwng diwygiad ac adfywiad gan ddadlau mai rhywbeth arwynebol yw adfywiad, nad yw'n gadael olion parhaol ar fywyd y gymdeithas, tra bo diwygiad yn rym chwyldroadol sy'n gweddnewid popeth o'i gwmpas. Y mae'n arwyddocaol fod y diwygiadau mawr a ddaeth i ddaear Cymru yn y gorffennol wedi eu harwain gan wŷr ifainc a oedd eu hunain yn Gymry Cymraeg. Nid mewnforio Methodistiaeth o Loegr i Gymru a wnaed yn y ddeunawfed ganrif; yr oedd y mudiad yng Nghymru, o dan arweiniad Harris a Rowland a Williams, yn rhywbeth cynhenid Gymraeg a Chymreig ac yr oedd hynny yn sicr yn rhannol gyfrifol am ei apêl. Y mae lle i amau o hyd a ellir yn llwyddiannus blannu had estron (bydded o Loegr neu o'r Unol Daleithiau) yn naear Cymru.

Yn y bôn, gwaith yr eglwysi eu hunain yw rhannu'r newyddion da mewn tref a phentref. Yn y fan hon, wrth gwrs, y gwelir ein methiant truenus. Aeth 'cynnal yr achos' yn gymaint baich arnom fel nad oes gennym na'r awydd na'r egni i genhadu. Eithr nid oes gennym ddewis ond i fwrw iddi, oherwydd i hyn y'n galwyd.

Datgysylltu

Y frenhiniaeth, priodas ac ysgariad. Mae'n rhyfedd fel y mae'r ffactorau hyn wedi effeithio'n dyngedfennol, fwy nag unwaith, ar hynt Eglwys Loegr. Byddai rhywrai'n barod i ddadlau mai dyma'r elfennau a ddaeth â hi i fod yn y lle cyntaf. Nid yw hynny, wrth gwrs, yn gwbl gywir, oherwydd nid peth gwleidyddol yn unig oedd y Diwygiad Protestannaidd yn Lloegr. Yr oedd John Wycliffe a'r Lolardiaid eisoes wedi braenaru'r tir, ac roedd y 'brotest efengylaidd' wedi cyrraedd yr ynysoedd hyn (i ganolfannau fel Caergrawnt yn arbennig) ymhell cyn i Harri VIII benderfynu gosod Catrin o Aragon o'r neilltu am na lwyddodd hithau i sicrhau etifedd iddo.

Yn y diwedd, fodd bynnag, corfforwyd eglwys Loegr trwy ddeddf gwlad, er enghraifft, trwy'r Ddeddf Uchafiaeth Newydd (Tachwedd, 1534) a gydnabyddai mai Harri, yn hytrach na'r Pab, oedd yn ben ar yr eglwys. Yn Ionawr 1535 ychwanegodd Harri y teitl 'Prif Ben Eglwys Loegr' at ei enw. O'r cychwyn cyntaf, felly, roedd yr Eglwys Brotestannaidd yn Lloegr yn eglwys wladwriaethol, a'r brenin, ynghyd â bod yn ben ar ei deyrnas yn ben arni hithau hefyd. Ac fe fynnodd Harri fod yn ben. Pan welodd fod coffrau'r frenhiniaeth yn gwagio, yn bennaf o ganlyniad i gostau cynnal rhyfeloedd, ni bu'n hir cyn datgorffori'r mynachlogydd ac elwa'n sylweddol o'r gwerthu a fu ar eu hystadau a'u trysorau prin.

Mae'n eironig fel y mae'r un ffactorau a nodwyd ar ddechrau'r llith hon yn eu hamlygu eu hunain unwaith eto. Ac mae'n amlwg nad yw marwolaeth annhymig y Dywysoges Diana yn mynd i leddfu dim ar y broblem. Deil Eglwys Loegr i fod yn eglwys wladwriaethol. Y mae'r frenhines fel pen y wladwriaeth yn 'amddiffynnydd y ffydd' yn ogystal, a gwyddom mai'r llywodraeth, i bob pwrpas, sy'n gyfrifol am yr apwyntiadau i'r prif swyddi yn hierarchi'r eglwys. Ond pwy ddaw i wisgo'r goron ar ôl dyddiau Elisabeth? A fyddai modd i ŵr a ysgarodd ei wraig fod yn ben ar Eglwys Loegr? Eisoes datganodd Archesgob Caergaint na fyddai hynny ynddo'i hun yn dramgwydd, ond pe bai'r Tywysog Siarl yn dewis priodi am yr eildro, a hynny â gwraig a hithau hefyd wedi ysgaru ei gŵr, byddai hynny'n sicr o arwain at greisis yn rhengoedd yr eglwys. Mae'n amlwg fod rhai sgerbydau o'r gorffennol yn dechrau dod allan o'r cwpwrdd, nid yn unig o oes Harri VIII ond hefyd o gyfnod ymddiorseddiad Edward VIII a'i benderfyniad diymollwng i briodi Mrs Simpson.

Bu Dr Carey o dan y lach am ei sylwadau. Mynnodd yr Arglwydd Blake (o bosibl, y prif arbenigwr ar gyfansoddiad Lloegr) nad oedd angen i'r archesgob wneud datganiad o'r fath gan iddo fod yn delio â sefyllfa ddamcaniaethol; oni wadodd Siarl unrhyw fwriad i ail-briodi, ac yn ôl Arglwydd Blake, nid oes unrhyw sail dros gredu ei fod yn bwriadu newid ei feddwl. (Wrth gwrs, digwyddodd hyn oll cyn y drychineb ym Mharis). Ac o wneud sylw o'r fath oni ddylai'r Archesgob fod wedi ei wneud ar dir ei wlad ei hun yn hytrach nag yn Awstralia bell, mewn cynhadledd i'r wasg yn ninas Sydney? Dyma brawf pellach pa mor amhosibl, mewn gwirionedd, yw sefyllfa Archesgob Caergaint, a pha mor ymarferol berthnasol yw rhybudd Iesu na ellir gwasanaethu dau feistr.

Erbyn hyn y mae ton gynyddol o farn yn Lloegr o blaid datgysylltu'r Eglwys. Yn wir y mae Archesgob Cymru eisoes wedi cymeradwyo hynny i'w gyd-archesgob yn Lambeth. Fe ddatgysylltwyd yr Eglwys Anglicanaidd yng Nghymru (ac onid hynny yw ei theitl cywir?) yn 1920 a byth oddi ar hynny, yn ôl y Gwir Barchedig Alwyn Rice Jones, y mae'n llawer mwy rhydd i ddatgan ei barn ac i ddilyn llwybr ei gweledigaeth.

Y mae rhai ohonom yn sicr o'r farn y dylid datgysylltu Eglwys Loegr, oherwydd y mae'n anodd iawn dygymod â'r cysyniad o eglwys wladwriaethol. Ni ddylai Eglwys Crist fod yn rhan o unrhyw sefydliad seciwlar nac yn was i unrhyw lywodraeth, ac ni ddylai unrhyw gyfansoddiad gwleidyddol fod yn atalfa iddi weithredu yn unol â'i chydwybod. Ac nid brenin daearol (boed hwnnw'n 'amddiffynnydd y ffydd' neu'n 'amddiffynnydd ffydd' fel yr awgrymodd Siarl y byddai'n well ganddo ddiffinio ei swyddogaeth) sy'n ben arni chwaith. Arall yw ei

Harglwydd hithau. Ymryddhaëd Eglwys Loegr rhag y cymhlethdodau cyfansoddiadol a fu'n fagl iddi ar gynifer o adegau allweddol yn ei hanes, a mynned rhyddid i fod yn ufudd was i Air Duw. Bydd y broses o ymddihatru yn un ddyrys a chymhleth, ond yn un na ddylid ar unrhyw gyfrif ei hosgoi.

Iaith Oedfa

Ddechrau'r mis hwn buom yn dathlu Gŵyl Dewi gan ymhyfrydu, yn gwbl briodol, yn ein treftadaeth, ein diwylliant a'n hiaith. Beth yn union yw sefyllfa'r Gymraeg erbyn hyn? Yn ôl Prys Edwards y mae brwydr yr iaith eisoes wedi ei hennill, gan fod iddi yn awr statws cyfartal â'r Saesneg, a lle anrhydeddus mewn cylchoedd gweinyddol, gwleidyddol ac addysgiadol. Byddai'n dda gennym fedru rhannu ei optimistiaeth. Gwir fod camau breision wedi eu cymryd i ddiogelu safle'r Gymraeg, ond y mae llawer o dir eto i'w feddiannu. Rhoddwyd i'r iaith statws swyddogol, a da yw gweld dogfennau, adroddiadau, ffurflenni (mynnwn eu defnyddio!) ac yn y blaen yn cael eu cyhoeddi mewn Cymraeg cywir a safonol. Ond, yn gyffredinol, y mae gennym achos i ofidio ynghylch ansawdd yr iaith, boed lafar neu ysgrifenedig.

Bu darllen darlith yr ysgolhaig a'r geiriadurwr Dafydd Glyn Jones, *John Morris Jones a'r 'Cymro Dirodres'* yn gryn ysgytwad i lawer ohonom. Yn y ddarlith y mae'r awdur yn dadansoddi enghreifftiau o wallau iaith a grynhôdd ynghyd o draethodau ac ymarferion myfyrwyr dros gyfnod o flynyddoedd, a'r prif gasgliad y daw iddo yw bod y meflau amlaf a mwyaf sylfaenol (mae'n rhestru deg ar hugain ohonynt) yn digwydd oherwydd ein bod yn ein cael ein hunain mewn sefyllfa ddwyieithog ac 'oherwydd y modelu uniongyrchol ar y Saesneg'. Hynny yw, fe ddisodlir y gystrawen Gymraeg gan gystrawen y Saesneg.

Nid ar fyfyrwyr yn unig y mae'r bai. Dadleuir nad yw iaith *Pam fi Duw?* (S4C) ond yn adlewyrchu'r math o siarad a geir, bellach, yn y cymoedd, ac eto onid yw'n rhesymol disgwyl i'r cyfryngau nid yn unig i fod yn ddrych o'r sefyllfa sy'n bodoli eisoes ond hefyd i geisio'i hadfer a'i diwygio? Nid am ddim y mynegwyd pryder ynghylch nifer o raglenni Radio Cymru. Un peth yw ymdrechu i boblog-eiddio'r Gymraeg; y perygl yw i'r broses honno fynd yn ei blaen i gymaint graddau hyd nes i'r iaith wreiddiol (yr iaith fel yr ydym ninnau'n gyfarwydd â hi) beidio â bod bron yn gyfan gwbl.

Beth am sefyllfa'r iaith yn ein capeli a'n heglwysi? Does amau fod yna broblemau, a ninnau wedi ein hamgylchynu gan fôr y mewnlifiad o'r tu arall i Glawdd Offa. Er hyn mae'n holl bwysig cofio bod yna o hyd yn y Gymru hon, er gwaetha'r trai crefyddol a'r llanw Seisnig, nifer sylweddol o bobl sy'n dymuno addoli trwy gyfrwng y Gymraeg a'i bod yn ddyletswydd arnom ddarparu ar eu cyfer. Y mae iaith, wedi'r cyfan, yn fwy na chyfrwng cyfathrebu; y mae hefyd yn gyfrwng mynegiant. Trwy gyfrwng iaith y mae'r unigolyn yn mynegi ei brofiadau a'i ddyheadau dyfnaf (dyma, o bosib, ystyr yr ymadrodd, 'Rwy'n meddwl yn Gymraeg', neu 'Rwy'n meddwl yn Saesneg'), ac mae'n gwbl naturiol i rywun ymdeimlo â'r awydd i addoli Duw trwy gyfrwng yr iaith sy'n gynhenid iddo.

Myn rhai nad yw iaith yn bwysig, ond nid yw hynny ond dadansoddiad arwynebol ac anghyflawn. I'r Cristion o Gymro y mae Cymraeg rhywiog a chyfoethog y Beibl – ac yn y cyswllt hwn y mae pawb ohonom yn 'ddefaid William Morgan' – ymadroddion cyhyrog nifer fawr o'n hemynau, ynghyd â gweddïau a cholectau y Llyfr Gweddi (heb anghofio cynnwys nifer fawr o lyfrau defosiwn eraill), yn rhan annatod o'i gynhysgaeth ysbrydol. Hyn oll a'i gwnaeth yr hyn ydyw, ac a roes iddo ei hunaniaeth unigryw. A dyma'r ffynhonnau y drachtia ohonynt wrth offrymu ei addoliad i Dduw. Yn wir, mae'n anodd iddo addoli o gwbl heb fod geiriau'r Salmydd (fel y troswyd hwy i'r Gymraeg) a delweddau digymar y Pêr Ganiedydd yn llifo drwy ei feddwl.

Tystiodd y dyrfa a fu'n gwrando ar bregethu'r apostolion ar ddydd y Pentecost: 'yr ydym yn eu clywed hwy yn llefaru yn ein hieithoedd ni am fawrion weithredoedd Duw'. Nid dawn tafodau, *glossolalia*, a amlygwyd ar y Pentecost, ond yn hytrach y gallu i gyflwyno i bob gwrandawr gynnwys y newyddion da am Iesu yn ei iaith arbennig ei hun. Fe ddeil hon yn egwyddor bwysig. Mae'n wir fod nifer fawr o bobl yn y Gymru hon y mae'n ddewisach ganddynt addoli trwy gyfrwng y Saesneg (i Emrys ap Iwan roedd y ffaith fod Cymry Cymraeg yn dewis gwneud hynny yn ddirgelwch mawr) ond nac anghofiwn fod yna o hyd rywrai sydd am ddyrchafu mawl i Dduw trwy gyfrwng iaith eu tadau. A boed i'r Gymraeg a ddefnyddir yn yr oedfa fod yn lân, yn raenus ac yn naturiol. Mae'n wir dweud mai'r eglwys, mewn cyfnodau a fu, a ddiogelodd lendid y Gymraeg; hwyrach fod galw arni heddiw, hyd yn oed yn nyddiau ei llesgedd mawr, i gyflawni cymwynas gyffelyb.

Gwewyr Gweinidog

Cŵyn gyffredin heddiw ymhlith pobl sydd wedi dal yr un swydd am gyfnod sylweddol o amser yw iddynt weld newid mawr yn natur eu dyletswyddau. Pa mor aml y clywir athrawon, nyrsys, gweithwyr cymdeithasol a chlercod yn taeru'n ddi-galon, 'Nid dyma'r swydd y dechreuais ynddi ugain mlynedd yn ôl'. Heb amheuaeth y mae'r cynnydd mewn biwrocratiaeth, y pwyslais ar atebolrwydd, y pentyrru diddiwedd ar waith papur, a'r gofyn cyson am gofnodi popeth mewn du a gwyn yn gosod straen mawr, ychwanegol (ac annioddefol mewn rhai achosion) ar rywrai a fu, gynt, yn cael boddhad mawr yn eu gwaith beunyddiol. Does ryfedd fod ymddeoliad cynnar yn ffenomen mor gyffredin yn ein cymdeithas gyfoes, a bod cynifer sy'n dal mewn gwaith yn dyheu am weld y dydd yn gwawrio pan fydd y maglau wedi eu torri. Mae'n rhyw gysur i athrawon, siŵr o fod, fod David Blunkett, y Gweinidog Addysg, wedi addo cwtogi ar eu beichiau gweinyddol yn y dyfodol agos, er mwyn iddynt gael canolbwyntio ar eu priod dasg, sef dysgu plant a phobl ifanc.

Yn ystod y ddau neu dri degawd diwethaf bu newid go fawr yn y modd y diffinir gwaith a rôl gweinidog eglwys. Yn un peth, ar wahân i rai eithriadau prin, estynnwyd cylch ei wasanaeth o ganlyniad i gydio eglwys wrth eglwys er mwyn cynnig cydnabyddiaeth resymol iddo. Arweiniodd hyn at luosogi gwasanaethau ac at drymhau'r beichiau bugeiliol. Eithr fe â'r newid yn ddyfnach na hynny. Aeth y gweinidog, rhywsut, yn berson ar gyfer achlysuron arbennig, yn rhywun sydd ar gael i wasanaethu mewn priodas ac angladd ac i daro i mewn i ysbyty a chartref henoed pan fo galw am hynny. Y mae'n rhywun y gall ei bobl (ac weithiau, rhywrai y tu allan i gylch ei 'bobl', rhywrai na fyddant fel arfer yn tywyllu drws lle o addoliad) droi ato mewn cyfyngder, neu, ar adegau eraill, i'w wahodd i gyfranogi o'u llawenydd ar ryw achlysur teuluol nodedig.

Bu hyn oll, wrth gwrs, yn rhan holl-bwysig o waith gweinidog ar hyd y blynyddoedd, ac ni ddylai unrhyw weinidog anghofio mai braint yn wir yw cael bod gyda phobl yn eu galar a'u gorfoledd, a hynny yn enw'r Meistr. Y gwahaniaeth heddiw yw bod tuedd i'r wedd achlysurol hon gael y flaenoriaeth ar yr hyn a ystyrid gynt yn brif waith y gweinidog, sef cyhoeddi'r Gair. Erbyn heddiw ymddengys i'r wedd broffwydol ar waith y weinidogaeth Gristionogol fynd yn eilbeth digon dibwys. Y prawf ar hyn yw'r gwahaniaeth amlwg a welir yn aml rhwng y gynulleidfa sy'n llenwi'r capel ar gyfer y gwasanaeth angladdol neu briodasol a'r dyrnaid ffyddloniaid a ddaw ynghyd ar fore Sul i wrando pregeth.

Onid y newid hwn yn nisgwyliadau pobl lle

mae'r gweinidog yn y cwestiwn sydd i gyfrif am
lawer o'r dadrithiad a'r rhwystredigaeth sy'n gyffredin
heddiw yn rhengoedd y weinidogaeth? Oherwydd yn
achos y rhan fwyaf ohonom, galwad i bregethu oedd
yr alwad gychwynnol i waith y weinidogaeth, ac ar
gyfer hynny, yn bennaf, y'n hyfforddwyd. Erbyn
heddiw y mae'r cyrsiau coleg ar gyfer darpar
weinidogion yn cynnwys elfennau bugeiliol,
ymarferol, ac ni ellir ond cymeradwyo hynny yn
galonnog, oherwydd ni ellir ysgaru'r bugeiliol oddi
wrth y proffwydol, na *vice versa*. Y mae'r ddwy ochr
i waith y weinidogaeth yn annatod glwm yn ei
gilydd. Eithr nid ar unrhyw gyfrif y dylid dibrisio a
bychanu'r gwaith aruchel o gyhoeddi Gair Duw. Y
mae lle i gredu i hynny raddol ddigwydd yn ein
heglwysi, ac i'r gweinidog, o ganlyniad, gael achos i
amau beth yn union a ddisgwylir oddi wrtho. Gall
fod yn brysur yn cyflawni pob math o orchwylion
amrywiol; gall dreulio oriau lawer yn ymweld, yn
trefnu, yn llythyru, yn llenwi ffurflenni, yn ateb
galwadau ffôn, yn eistedd o flaen ei gyfrifiadur, yn
gweinyddu, yn cynadledda ac yn pwyllgora; ond ar
ddiwedd y dydd a yw'n cael achos i gredu mai ei
brif orchwyl yw bod yn gennad Duw ac yn was y
Gair? 'Y mae gwefusau offeiriad yn diogelu
gwybodaeth, ac y mae pawb yn ceisio cyfarwyddyd
o'i enau, oherwydd cennad Arglwydd y Lluoedd yw'
(Malachi 2:7).

Ac y mae'r cyfrifoldeb arswydus o fod yn gennad
yr Arglwydd yn hawlio amser i ddarllen, i astudio, i
baratoi, i ymdrwytho yng nghynnwys yr Ysgrythurau

ynghyd â chyfrolau a chyhoeddiadau diweddar. Mynych y canmolir y gweinidog sydd ar gerdded yn barhaus; a ganmolir, i'r un graddau, y gwas sy'n dyfal baratoi ar gyfer ei bulpud o Sul i Sul? Nac esgeulused hwnnw y fugeiliaeth feunyddiol (ac nad esgeulused yr eglwys gyfan mohoni ychwaith, oherwydd nid cyfrifoldeb un dyn oddi mewn i gymuned y saint mo'r gwaith o ymweld a chalonogi a chysuro), ond na foed i neb warafun iddo amser a chyfle i baratoi ei genadwri yn drwyadl ac yn ofalus, a boed i'w bobl ymgynnull yn gryno ac yn ddisgwylgar i wrando arno'n traethu ei genadwri, a dweud 'Amen' iddi. Duw a'n cadwo rhag colli golwg ar bwysigrwydd pregethu; pe digwyddai hynny byddem mewn perygl o ddibrisio hanfod y weinidogaeth Gristionogol.

Eilunod

'Wele, cawsom y Meseia'. Yn y modd hwn, yn rhyfygus ddigon, yr estynnodd y wasg Gymreig groeso i Graham Henry, y dewin honedig o Seland Newydd, i'w swydd fel hyfforddwr tîm rygbi cenedlaethol Cymru. A wireddwyd y gobeithion llachar a amgylchynai ei ddyfodiad sy'n gwestiwn erbyn hyn, yn enwedig yn dilyn canlyniadau tra siomedig y gornestau yn erbyn yr Alban ac Iwerddon. Wrth reswm, ni all hyfforddwr ond gwneud y gorau o'r defnyddiau crai sy'n ei feddiant, ac nid yw'n deg disgwyl iddo gyflawni gwyrthiau dros nos. Tybed a fu troi'r gêm yn un broffesiynol, gan addo symiau anferthol o arian yn dâl i'r chwaraewyr am eu perfformiadau, yn andwyol i safon y chwarae yn gyffredinol? Gynt, y symbyliad pwysicaf o ddigon oedd y fraint o gael gwisgo'r crys coch a chynrychioli Cymru ar feysydd chwarae'r byd. Ys canodd Cynan yn 'Y Dyrfa':

> Fe ddaeth yr atgof eto'n glir
> Megis o'r môr ar lam
> – Y dydd y cyrchais dros y lein
> Â'r bêl yn Twickenham.

Erbyn heddiw (ac mae'n deg gofyn y cwestiwn hwn

am chwaraeon yn gyffredinol), a aeth y geiniog yn bwysicach na'r gêm? Mewn oes pan fo'r bunt yn rheoli, a phan fo rhywrai'n ennill cyflogau anfoesol o chwyddedig, tra bo eraill (megis nyrsys ac athrawon a gweithwyr cymdeithasol) yn derbyn tâl nad yw'n agos at fod yn gymesur â swm eu cyfrifoldebau a'u hymdrechion, mae'n bryd unwaith eto inni roi ystyriaeth ofalus i'n blaenoriaethau.

I ddychwelyd at y Meseia. O gymryd term sydd yn ei hanfod yn un crefyddol (ac sy'n cyfeirio yn emyn Dafydd Jones, Caeo, at neb llai na Mab Duw ei hun, a Gwaredwr y byd), a'i ddefnyddio i ddisgrifio hyfforddwr tîm o chwaraewyr, onid yr hyn a wneir yw dyrchafu rygbi yn grefydd, a dwyfoli'r sawl sy'n disgleirio yn y gamp? Mae'n debyg fod Nicola Quinnell (sef gwraig Scott Quinnell, un o'r aelodau mwyaf corfforol ac ymosodol o bac Cymru) yn hen gyfarwydd â chael rhywun yn ei holi, 'Sut mae'n teimlo i fod yn briod â duw?'

Yn ystod y misoedd diwethaf bu'r *Western Mail* yn rhoi adroddiadau ar y gwaith o godi'r stadiwm cenedlaethol newydd yng Nghaerdydd, gan argraffu sawl llun i ddangos sut mae'r adeiladu'n dod yn ei flaen. Wele'r penawdau o dan ddau o'r lluniau hyn: '*Raised for glory*' (Rhagfyr 26, 1998); '. . . bydd gan gartref ysbrydol newydd rygbi Cymru eisteddleoedd ar gyfer 72,500 o bobl' (Rhagfyr 8, 1998). Sylwer eto ar y derminoleg: 'gogoniant' (onid Duw yn unig biau'r gogoniant?), a 'chartref ysbrydol'! Arferwn gredu mai adeiladau eang yr archfarchnadoedd newydd oedd 'eglwysi cadeiriol' ein dyddiau ni, ond yn awr dyma'r stadiwm newydd yn hawlio statws cyffelyb. Mae'r côr yn barod eisoes i gymryd ei le. Cyn y gêm ddiweddar yn erbyn De Affrig, clywyd y dorf yn morio canu rhai o emynau mawr ein cenedl, a'r geiriau wedi eu hargraffu yn y rhaglen swyddogol. Honno, felly, yn disodli *Emynau'r Eglwys*, y *Llawlyfr Moliant Newydd* a'r *Caniedydd*!

Fe'm maged mewn tref y dywedwyd droeon am ei phobol fod dwy grefydd yn eiddo iddynt, sef crefydd y capel Ymneilltuol, a chrefydd y maes chwarae. Os gwelw yw'r olwg ar y gyntaf o'r ddwy erbyn hyn, ymddengys bod gafael y llall ar eneidiau pobl yn dal yn rhyfeddol o bwerus. Eithr nid dilorni chwaraeon yw amcan y llith hon. Wedi'r cyfan mae'n anodd i rywun a godwyd yn nhre'r Sosban, ac a dreuliodd sawl awr ddifyr a chynhyrfus yn gwylio arwyr y Strade yn mynd drwy eu pethe, beidio â dioddef o ryw fesur o'r dwymyn goch, a theimlo curiad ei galon yn cyflymu pan fo'r tîm cartref yn croesi'r llinell. Ond mae galw hyfforddwr yn Feseia, a'r maes cenedlaethol yn ganolfan ysbrydol yn fater arall. Ceryddwyd gweledydd ynys Patmos am iddo syrthio wrth draed yr angel i'w addoli; nid oedd hyd yn oed y gwrthrych dyrchafedig hwnnw yn teilyngu ei deyrngarwch eithaf, a'i addoliad. Fe'i hanogir: 'Addola Dduw'. Y mae i gamp a gorchest, masnach a chelfyddyd, diwylliant a gwleidyddiaeth, eu lle priodol ym mywyd dyn, ond Duw yn unig sydd i'w addoli. A gorau po gyntaf y dychwelwn ato fel cenedl, mewn edifeirwch a pharch, iddo gael ein hiacháu a'n gwaredu.

Cofiwn rybudd Martin Luther: 'Nid addoli dim a wna pobl wrth gefnu ar y gwir Dduw, ond addoli unrhyw beth.' Onid hyn a welir yn digwydd, ysywaeth, yn y Gymru hon: dyrchafu'r eilun ar draul Duw? Bydded i ddatganiad mawreddog Pantycelyn ein cadw rhag cyfeiliorni:

Ffárwél haul a lloer a thrysor
Ffárwél ddaear, ffárwél ddyn;
Nid oes dim o dan yr wybren
Sydd yn fawr ond Duw ei Hun.

Mae'n ddrwg gen i

Mae'n ffasiynol y dyddiau hyn i unigolion a sefydliadau ymddiheuro'n gyhoeddus am gamau gweigion y gorffennol. Hwyrach mai'r ffaith ein bod ar drothwy canrif newydd, milflwyddiant newydd yn wir, sydd i gyfrif am hyn oherwydd yn hanesyddol y mae cyfnod o'r fath yn adeg pan gyflyrir pobl i gynnal hunan-ymchwiliad ac i edifarhau am bechodau doe.

Mae'n debyg fod y Pab Ioan Paul II wrthi'n paratoi'r llwyfan ar gyfer cyhoeddi ymddiheuriad ei eglwys am erchyllterau'r Chwilys. Y dyddiad arfaethedig ar gyfer y *mea culpa* Pabyddol yw 8 Mawrth, 2000 (dydd Mercher y Lludw) pan fydd Ioan Paul yn arwain gorymdaith drwy strydoedd Rhufain gan ddechrau ym mhencadlys urdd y Dominiciaid. Y Dominiciaid oedd y chwilyswyr cynharaf a thaeraf, ac un o'u plith, sef Thomas de Torquemada, a etholwyd yn gaplan y Brenin Ferdinand a'r Frenhines Isabella, yn brif symbylydd yr erlid didostur ar Foslemiaid ac Iddewon Sbaen a barhaodd am dros dri chan mlynedd. Rhoes y Pab Sixtus IV ei fendith ar y cynllun yn 1484, ac amcangyfrifwyd i 10,000 gael eu dienyddio, ac i 90,000 gael eu gyrru i gaethwasiaeth yn ystod cyfnod Torquemada. Ni ddiddymwyd y Chwilys yn swyddogol tan y flwyddyn 1908; fe'i disodlwyd gan y Cynulliad Athrawiaeth sy'n dal mewn bod. Dyma'r corff a fu'n gyfrifol am archwilio ac am gondemnio diwinyddion radical megis Hans Küng.

Yn 1905 lansiwyd y Croesgadau, a'r Pab Urban II yn galw ar yr Eglwys Orllewinol i godi cleddyf i yrru'r Twrc allan o Balesteina. Naw can mlynedd yn ôl i eleni, ar 15 Gorffennaf, cipiwyd dinas Caersalem gan y Croesgadwyr, a bu farw degau o filoedd o Foslemiaid yn y gyflafan. Erbyn heddiw y mae llawer o Gristionogion o'r farn y dylai'r eglwys ymddiheuro'n ffurfiol am y fath anfadwaith, ac mae'n debyg fod dros fil o wirfoddolwyr eisoes wedi teithio i'r Dwyrain Canol er mwyn cymodi â'r Arab. Ymwelodd y Parchedig. Mark Davies, gweinidog Presbyteraidd yn Colchester, â Thwrci ('Y mae llawer o Foslemiaid yn dal â theimladau cryf ynghylch y Croesgadau, a chawsom wrandawiad ffafriol'), ac mae'n dal i wisgo crys-T yn dwyn y geiriau 'Mae'n ddrwg gen i' yn yr iaith Arabaidd. Paratôdd y Parchedig Colin Chapman, Anglican sy'n arbenigwr ar Islam, ddatganiad ar ran Cyngor Eglwysi Prydain: 'Dymunwn fynegi edifeirwch dwfn . . . am y camweddau a gyflawnwyd yn enw Crist'. Cefnogwyd y datganiad hwn gan esgob Rochester, y Gwir Barchedig Michael Nazir-Ali, ond teimla yntau y dylai'r Moslemiaid hefyd ymddiheuro am yr echryslonderau a gyflawnwyd yn erbyn Cristionogion.

Y gwir amdani yw fod gan bob traddodiad crefyddol sgerbydau cudd yn y cwpwrdd. Nid ydym ninnau, Brotestaniaid, â'n dwylo'n ddihalog. Mae'n anodd, odid yn amhosibl, i gyfiawnhau agwedd giaidd Luther at yr Iddew; bu ei wrth-semitiaeth yn fodd i fraenaru'r tir yn yr Almaen ar gyfer 'ateb terfynol' Hitler maes o law. Y mae'r driniaeth a gafodd Servetus a'i debyg oddi ar law Calfin yng Ngenefa yn dal yn smotyn du yn hanes Protestaniaeth. A beth wedyn am ymddygiad yr ail Fedyddwyr yn ystod y gwarchae ar ddinas Munster pan dorrwyd penglogau'r milwyr a ddaliwyd yn y frwydr a'u saethu'n ôl dros y mur at y gelyn? Oes, mae gan bawb ohonom achos i ymddiheuro.

Mewn difri, a oes unrhyw ddiben i'r llif o ymddiheuriadau presennol? Barn y Parchedig Stephen Trott, sy'n aelod o Synod Cyffredinol Eglwys Loegr, yw bod y cyfan yn ddi-fudd, gan i'r sefyllfaoedd ddigwydd mor bell yn ôl mewn hanes. 'Gwna gymaint o synnwyr â phe bai'r Ffrancwyr yn datgan ei bod yn ddrwg ganddynt am Frwydr Hastings! Ble mae'r cwbl yn mynd i orffen?' Ac eto, fe all daioni ddeillio o'r broses, pe bai'n gyfrwng yn unig i ddeiliaid pob carfan a chrefydd glosio at ei gilydd mewn cymod a goddefgarwch. Gellir dadlau mai pobl eu cyfnod oedd y tadau a bod eu dull o drin eu gwrthwynebwyr ond yn adlewyrchu'r hyn a arferid yn gyffredinol ar y pryd. A ddysgasom ninnau'r wers? Nid oes bwrpas mewn edifarhau am droseddau ddoe os na fwriedir gweithredu'n amgenach heddiw. Parchu'n gilydd am yr hyn ydym ac am yr hyn y credwn ynddo, gan gydnabod pob mab i Dduw yn frawd i ni, yw'r unig ffordd ddiogel ymlaen i'r dyfodol.

Oes Newydd: Dyn Newydd?

Wele rifyn cyntaf *Seren* y flwyddyn 2000 yn ein llaw. Ar adeg hanesyddol fel hon mae'n naturiol ein bod, megis Ianws gynt, yn bwrw trem yn ôl ac ymlaen. Nid wiw inni fentro i'r yfory heb ddysgu gwersi ddoe. Cyhoeddwyd y gyfrol *Millennium* (golygydd: Anthony Coleman; rhagair gan Jeremy Isaacs) yn seiliedig ar y gyfres deledu o'r un enw. Ynddi gwneir ymgais ddiddorol a digon deheuig i grynhoi arwyddocâd pob un o ganrifoedd yr ail fileniwm o dan un pennawd bachog. Dyma'r rhestr:

Yr unfed ganrif ar ddeg: cleddyf (y gwareiddiadau a'r crefyddau mawr yn ehangu trwy fasnach a gorthrwm); y ddeuddegfed ganrif: bwyell (adeiladu'r dinasoedd a'r eglwysi cadeiriol, a fforestydd Ewrop yn cael eu dymchwel i'r pwrpas); y drydedd ganrif ar ddeg: gwarthol (concwestau Genghis Khan a Marco Polo); y bedwaredd ganrif ar ddeg: pladur (y Pla Du yn lladd traean o boblogaeth Ewrop); y bymthegfed ganrif: hwyl (y mordeithiau hanesyddol; Vasco da Gama yn darganfod llwybr newydd i India; Columbus, ar ddamwain, yn darganfod America); yr unfed ganrif ar bymtheg: cwmpawd (yr ymerodraethau a'r crefyddau yn ymestyn ar draws tir a môr; y Sbaenwyr yn ecsploitio'r Byd Newydd; y Mogyliad yn goresgyn India); yr ail ganrif ar bymtheg: y telesgop (gwyddonwyr y gorllewin yn dechrau datgloi dirgelion y bydysawd); y ddeunawfed ganrif: y ffwrnais (syniadau crasboeth, chwyldroadol, yn arwain at ffurfio byd newydd); y bedwared ganrif ar bymtheg: y peiriant (y peiriant ager yn chwyldroi dull pobl o fyw; Darwin yn cyhoeddi *The Origin of Species*); yr ugeinfed ganrif: y glôb (dyn yn mentro i'r gofod, ac yn sylweddoli fwyfwy nad yw'r ddaear ond pêl fechan yng nghanol aruthredd y cyfanfyd).

Wrth reswm, gellir dadlau bod y rhestr yn or-syml a chyffredinol, a bod ambell ddadansoddiad braidd yn artiffisial. Wedi dweud hynny rhaid cydnabod ei bod yn ffordd hwylus a chofiadwy i geisio deall prif ddatblygiadau'r ail filflwydd. Erys un cwestiwn. Pan ddaw hi'n amser i osod pennawd uwchben yr unfed ganrif ar hugain pa air fydd yn addas i'w disgrifio hithau? Tybed ai hon fydd canrif y golomen? Nid yw'n argoeli'n dda, a Chechnya o dan yr ordd a rhywrai eisoes yn darogan ail Ryfel Oer rhwng dwyrain a gorllewin. Neu beth am ganrif y llaw agored, a'r cenhedloedd pwerus, goludog, yn estyn y cymorth angenrheidiol a digonol i godi'r gwan i fyny? Tybed a fydd cadwyn hollt yn arwydd priodol, a'r cadwyni a'r llyffetheiriau sy'n dal i gaethiwo trueiniaid byd wedi eu rhwygo am byth? Neu efallai mai hon fydd canrif yr enfys, pan welir yr amrywiol draddodiadau (cenedlaethol, gwleidyddol a chrefyddol) yn ymdoddi'n un. Tybed?

Ym marn llawer o wyddonwyr blaengar ein dydd y mae esblygiad corfforol, ffisegol dyn bron â chyrraedd ei uchafbwynt. Yr hyn a erys yw'r posibilrwydd iddo ddatblygu – neu ddirywio – yn foesol, yn gymdeithasol ac yn ysbrydol. A ddigwydd hynny yn ystod y degawdau nesaf hyn? Yn *Humanity: A Moral History of the Twentieth Century* dengys Jonathan Glover pa mor waedlyd a didostur y bu'r ganrif honno ar ei hyd. Canrif penisilin, y peiriant tanio mewnol, y cyfrifiadur a'r roced, hefyd yn ganrif y sawdl ddur, y brwydrau annynol (cynifer ag sy'n gallu eistedd yn y stadiwm cenedlaethol newydd yng Nghaerdydd yn cael eu difodi mewn un prynhawn ar lannau'r Somme), y ffwrneisiau nwy a'r gwersylloedd cadw, a 'chwe miliwn o goed yng Nghaersalem' yn dwyn i gof y rhai a aberthwyd yn yr Holocost. A dyn, ys dywedodd Martin Luther King, yn gawr technolegol ond yn gorrach yn foesol. '*We have guided missiles and misguided men.*' Taflegrau'n cael eu 'harwain', a dynion yn cael eu camarwain.

Â'r unfed ganrif ar hugain a'r trydydd mileniwm newydd wawrio, erys rhai cwestiynau mawr. A lwyddir yn ystod y degawdau nesaf hyn i oresgyn rhai o'r clefydau a'r heintiau sy'n parhau i fygwth bywydau miliynau o drigolion y ddaear? A lwyddir i ddiddymu newyn a thlodi? A ymwrthodir â rhyfel fel ffordd i ddatrys cwerylon y gwledydd? Os mai canrif y dwrn a'r bom fydd y ganrif newydd hon, does fawr o obaith y gwireddir ein gobeithion uchaf. Eithr fe erys o hyd y gobaith y try dyn at ffordd heddwch a chyfiawnder. Nid dweud yr ydym fod cynnydd dyn yn anochel, ond yn hytrach ei fod yn bosibl, trwy ras. Y mae modd i ddyn gael ei eni drachefn, hynny yw iddo gael ei lenwi ag Ysbryd Crist. Oni bai ein bod yn credu hyn ni fyddai unrhyw ddiben inni ddal ati i gyhoeddi'r Efengyl.

Dyfodol y Gwasanaeth Iechyd

Y mae'n amlwg i bawb fod y Gwasanaeth Iechyd mewn argyfwng pur ddifrifol. Er i'r pwl diweddaraf o'r ffliw ddwysáu'r sefyllfa (ai o Awstralia ynteu o'r gofod y daeth y feirws bygythiol?) y mae gwreiddiau'r argyfwng dipyn yn ddyfnach na hynny. Y mae prinder arian, prinder meddygon, prinder nyrsys, prinder gwelyau gofal dwys. Rhaid derbyn fod y gwasanaeth, o safbwynt ei ariannu, yn bwll diwaelod. Y mae pobl yn byw yn hŷn; y mae triniaethau arbenigol yn mynd yn fwy ac yn fwy costus; y mae prynu'r cyfarpar diweddaraf yn golygu traul sylweddol. Cymerer un enghraifft. Dro'n ôl, o ganlyniad i ymgyrch glodwiw gan chwiorydd yr eglwysi, dyma gyflwyno swm o £5,000 i Uned y Galon yn Ysbyty Glangwili, Caerfyrddin. Mawr oedd gwerthfawrogiad aelodau'r staff a ddaeth i'n croesawu. Eglurodd yr arbenigwr mai ei fwriad oedd defnyddio'r rhodd i brynu teclyn newydd i fesur curiad y galon, teclyn bychan, hwylus, y mae'n bosibl i'r claf ei wisgo'n ddidrafferth nid am bedair awr ar hugain (fel oedd yn digwydd gyda'r hen beiriant) ond am wythnos gyfan. Dyma holi sawl teclyn y byddai'n bosibl ei brynu. Fe'n syfrdanwyd gan yr ateb: 'Dau . . . tri ar y mwyaf.' Â phum mil o bunnoedd!

Y cwestiwn a ofynnir gan lawer yw hwn. Pan chwistrellir mwy a mwy o gyllid i mewn i'r gwasanaeth pam nad yw'r claf ei hun fel petai'n elwa'n uniongyrchol? Ym mhle y gwelir y gwlâu a'r gweinyddesau ychwanegol? Yr un yw cwyn y staff, sef eu bod yn brin o ddwylo a'r rhai sydd ar ddyletswydd yn gorfod gweithio oriau estynedig er mwyn ateb y galw. A yw'r gwasanaeth yn bendrwm, a'r costau gweinyddol yn anghymesur o uchel? Mae'n anodd i ninnau, leygwyr, wybod yr ateb. Ni allwn ond dyfalu. Y mae un peth i'w gymeradwyo, sef y codiad cyflog (uwch, tipyn uwch mewn rhai achosion, na graddfa chwyddiant) a ddyfarnwyd yn ddiweddar i'r nyrsys. O ystyried natur eu gwaith, a'u hymroddiad digwestiwn, maent yn haeddu pob ceiniog o'u tâl.

Eithr nid diffyg arian yw'r unig beth sy'n peri penbleth mewn meddygaeth y dyddiau hyn. Erbyn heddiw y mae'r datblygiadau technolegol yn anhygoel. Y mae modd, bellach, i drawsblannu organau, i rewi embryonau, i sicrhau bod lliw gwallt a llygaid y plentyn yn y groth yn unol â dymuniad y rhieni. Cyn diwedd y ganrif hon y mae'n debyg y bydd modd estyn einioes dyn ymhell y tu hwnt i oed yr addewid, ac y bydd y rhai a fydd yn dymuno hynny, ac a fydd mewn sefyllfa i fforddio'r driniaeth, yn gallu byw am o leiaf gant a hanner o flynyddoedd. Yr ydym bron â chyrraedd y sefyllfa pan nad yw dim yn amhosibl gyda dynion, a'r dechnoleg ddiweddaraf yn galluogi'r meddyg i gyflawni rhyfeddodau na fuasai neb, genhedlaeth gwta yn ôl, wedi breuddwydio amdanynt. Yn sicr y mae llawer o wir yn y sylw bod y meddyg erbyn hyn, wrth wneud ei ddiagnosis, yn talu mwy o sylw i'r sgrin wrth ochr y gwely nag i'r claf.

Nawr yr union glyfrwch hwn sydd wedi arwain at yr argyfwng. Un peth yw datblygu'r dechneg sy'n ei gwneud yn bosibl i gyflawni rhyw driniaeth neu'i gilydd; peth arall yw'r hawl foesol i fynd ymlaen â'r driniaeth. Ystyrier y sefyllfa ganlynol a gododd ei phen yn yr Unol Daleithiau. Dyma gymryd wy o'r ferch A, ei ffrwythloni â had o'r dyn B, a'i blannu yng nghroth y fam ddirprwyol C, er mwyn i'r pâr CH a D oedd ar fin priodi (ond na fyddent eu hunain yn gallu cenhedlu plentyn) gael sicrwydd ymlaen llaw y bendithid hwy â theulu. Ychydig wythnosau cyn diwrnod y briodas dyma CH a D yn gwahanu. O ganlyniad dyma A, B ac C, bob un ohonynt yn ei dro, heb sôn am CH a D, yn mynnu bod ganddynt hawl ar y plentyn. Fe ddengys y cyfan sut y mae'n bosibl i'r dechnoleg fodern ym myd meddygaeth arwain at broblemau moesol dyrys, a chreu'r hyn a elwir gan David Cook yn *moral maze*.

Bob tro y bydd rhywun yn ymweld ag ysbyty mae'n cael achos i ddiolch am lawer iawn o'r sgiliau sy'n eiddo i'r meddyg y dyddiau hyn. Mae'r modd y perffeithiwyd y dulliau o roi anesthetig wedi gwedd-newid llawfeddyginiaeth; mae triniaethau twll y clo wedi lliniaru tipyn ar anghysur y claf; mae'r defnydd o antibiotig wedi gorchfygu llawer o afiechydon a oedd gynt yn angheuol; mae'r defnydd o gymalau plastig wedi rhoi gobaith newydd i lawer iawn o ddioddefwyr; mae'r gallu i roi falfiau artiffisial yn y galon wedi arbed bywydau miloedd lawer drwy'r byd. Ond rhaid sylweddoli fod yna derfynau. Mewn llawer achos yn y dyfodol nid 'a ellir cyflawni'r driniaeth?' fydd y cwestiwn ond 'a ddylid ei chyflawni?' Bydd yn rhaid inni fod yn hynod ochelgar os tybiwn y bydd modd inni chwarae rhan Duw.

Y Flwyddyn Chwe Thymor

Y mae'r flwyddyn dri thymor mewn ysgol a choleg
yn batrwm sy'n ymestyn yn ôl ymhell, ac yn drefn y
mae bywyd pawb ohonom, yn blant, myfyrwyr a
rhieni (a hyd yn oed eglwysi ac ysgolion Sul), yn dal
i droi o'i chwmpas. Yn hanes y prifysgolion hynaf,
megis Rhydychen a Chaergrawnt, y mae'r drefn yn
mynd yn ôl ganrifoedd lawer, a'r hen enwau
traddodiadol ar y tymhorau hyn – Mihangel, Ilar a'r
Drindod – yn dal mewn grym. O safbwynt ysgol
mae'n debyg i'r drefn hon gael ei mabwysiadu'n
wreiddiol er mwyn i blant y wlad gael gwyliau
estynedig yn yr haf i'w galluogi i helpu gartref ar y
fferm gyda gwaith y cynhaeaf. Felly y bu ar hyd y
blynyddoedd yn hanes plant yr ardaloedd amaeth-
yddol, ac i lawer ohonynt, yn ddiau, yr oedd cael
seibiant o chwech neu saith wythnos o'r llyfrau
ysgrifennu a'r tablau rhifyddeg er mwyn rhoi help
llaw i gywain y gwair i'r ydlan a godro'r gwartheg
yn y beudy, yn wynfyd digymar. A'r hyn a ddaeth i
fod yn y wlad, fe'i sefydlwyd hefyd yn y trefi a'r
dinasoedd.

Erbyn heddiw y mae'r drefn draddodiadol hon o
dan fygythiad – fel popeth arall, ymron, ym myd
addysg. Oherwydd ym marn yr arbenigwyr (yn
addysgwyr a seicolegwyr) y mae i'r drefn ei

hanfanteision amlwg. Onid yw seibiant o fis a hanner yn amharu ar ddatblygiad plentyn, gan mor rhwydd yw iddo anghofio gwersi'r flwyddyn flaenorol, ac anodded yw iddo ailgydio yn ei wersi ddechrau Medi? Onid yr hyn a fyddai'n ddelfrydol fyddai tymhorau byrrach (chwech ohonynt) a gwyliau byrrach, a'r rheiny'n digwydd yn fwy cyson? Byddai'n bosibl, wedyn, i'r arholiadau allanol gael eu cynnal yn gynharach, ac i'r disgyblion gael gwybod yn gynt am eu tynged mewn perthynas â derbyniad i goleg a phrifysgol. Rhaid cofio bod arholiadau TGAU ac AS a safon A, sydd â gwaith cwrs ac unedau modwlaidd yn elfennau creiddiol ynddynt, yn erydu tipyn ar yr amserlen ysgol erbyn hyn, yn wahanol i'r amser pan na ddefnyddid ond un ffon fesur i benderfynu llwyddiant neu fethiant, sef papur arholiad ar derfyn blwyddyn.

Er gwaetha'r dadleuon hyn, nid yw pawb yn gefnogol i'r cynllun newydd. Y mae llawer o athrawon yn teimlo na allent barhau yn eu swydd heb wythnosau rhydd yr haf, gan fod angen cyfnod sylweddol erbyn canol Gorffennaf i ddadweindio a dadflino, heb sôn am baratoi ar gyfer trymlwyth y flwyddyn ysgol newydd. O ystyried y pwysau afresymol sydd ar aelodau'r proffesiwn erbyn hyn – o safbwynt cyfarfod â gofynion y cwricwlwm, addasu i gynlluniau newydd, marcio ac asesu, heb sôn am sefydlu a chynnal disgyblaeth yn y dosbarth (sydd, wrth gwrs, yn broblem gynyddol, ac yn adlewyrchiad o safonau dirywiedig cymdeithas yn gyffredinol) – ni ellir ond cydymdeimlo â'u barn.

Bydd yn ddiddorol gweld beth fydd ymateb undebau'r athrawon i hyn oll pan ddaw hi'n fater o benderfynu ar y ffordd orau i ymlwybro.

O du'r eglwysi y mae'r awgrymiadau uchod yn rhwym o godi un cwestiwn pwysig, sef effaith hyn oll ar y brif ŵyl Gristionogol. Ar hyn o bryd y mae'r Nadolig, y Groglith a'r Pasg yn digwydd yn ddieithriad yn ystod y gwyliau, ond bydd perygl o hyn ymlaen i'r Pasg ddisgyn oddi mewn i'r tymor ysgol, hynny, wrth gwrs, am fod dyddiad y Pasg, yn wahanol i'r Nadolig, yn symudol. Yn ôl *Y Foreol a'r Hwyrol Weddi*, 'Dyddiad y Pasg . . . fydd y Sul nesaf ar ôl y Lleuad Lawn a ddigwydd ar, neu yn nesaf ar ôl, yr unfed ar hugain o Fawrth, ond pan fyddo'r Lleuad Lawn yn digwydd ar y Sul, Dydd y Pasg fydd y Sul canlynol', sy'n golygu, wrth gwrs, fod modd i'r Groglith a'r Pasg fod yn gynnar neu'n ddiweddar. Felly, o sefydlu'r drefn chwe thymor yn ein hysgolion (a honno'n drefn anhyblyg o safbwynt rhannu wythnosau'r flwyddyn) ni ellir gwarantu y byddai'r Pasg yn cydredeg bob blwyddyn â'r gwyliau ysgol.

Y mae achos da i gredu y byddai i'r Pasg golli ei statws fel gŵyl swyddogol, gydnabyddedig, yn gam pur ddifrifol a thra andwyol. Digwyddodd hynny eisoes yn hanes y Sulgwyn (yn aml ni fydd yr ŵyl eglwysig a'r ŵyl gyfatebol, seciwlar, a sefydlwyd gan y llywodraeth, yn cyd-ddigwydd), gyda'r canlyniad nad yw'r Sulgwyn yn cyfri dim erbyn heddiw fel gŵyl grefyddol, ysbrydol. Nid gŵyl yr Ysbryd Glân mohoni, bellach, ond gŵyl y banc. Oni ddaeth yn amser, felly, i'r eglwysi brotestio'n hyglyw a mynnu bod llywodraeth y dydd yn diogelu safle'r Pasg fel gŵyl Gristionogol? Er mwyn sicrhau hyn y mae'n bosibl y byddai'n rhaid i'r eglwysi gyfaddawdu ryw ychydig a chaniatáu i ddyddiad y Pasg, megis dyddiad y Nadolig, fod yn fwy sefydlog. Wrth reswm, byddai hyn yn golygu torri ar draws traddodiad y canrifoedd, ond onid gwell hynny na bod brenhines y gwyliau yn cael ei gwthio o'r neilltu ac yn colli ei hystyr a'i harwyddocâd yng nghanol prysurdebau wythnos waith arferol?

Gwreiddiau

Adroddir hanes am un o arolygwyr adran amgylchedd y cyngor yn galw i asesu cyflwr tyrau o fflatiau uchel yn un o faestrefi Llundain. Bu'n rhaid iddo neilltuo rhan sylweddol o'i adroddiad i dynnu sylw at yr arwyddion o fandaliaeth a oedd i'w gweld ym mhob man: eiddo wedi ei ddifrodi; *graffiti*, yn cynnwys pob math o sylwadau amrwd, yn llenwi'r muriau; ffenestri a drysau wedi eu malurio; a'r olwg gyffredinol ar y lle yn gadael argraff ddigamsyniol o esgeulustod a dihidrwydd, ac, yn waeth na hynny, o brotest fwriadus y tenantiaid, yn enwedig yr ifanc, yn erbyn cymdeithas yn gyffredinol, ac o'u hawydd i herio awdurdod. Fodd bynnag, yr oedd yr olwg ar bethe mewn un bloc yn drawiadol o wahanol – y muriau'n lân; y gwydr yn y ffenestri'n gyfan; a'r trigolion fel petaent â balchder yn eu calon tuag at eu cartrefi. Fel y digwyddai, teuluoedd Iddewig oedd y cyfartaledd uchaf o'r trigolion yn y gornel arbennig hon, a chafodd yr arolygwr gyfle i ofyn i'r rabi a oedd yn byw yn y gymuned beth oedd i gyfrif bod y fan lle y trigai'r Iddewon yn gymharol rydd o'r dinistr a oedd mor amlwg ym mhob man arall. Atebodd y rabi, 'Nid oes *graffiti* ar y muriau yn y rhannau Iddewig o'r fflatiau hyn am fod ein plant a'n pobl ifanc wedi eu trwytho ym manylion y stori.'

Yr hyn a olygai, yn ddiau, wrth y gosodiad hwn oedd bod y plentyn Iddewig yn cael ei fagu yn y fath fodd nes ei fod yn dod i wybod yn gynnar iawn am orffennol a chefndir ei genedl, a bod hynny, yn ei dro yn rhoi iddo ymdeimlad o hanes ac o berthynas. Y mae'n ddyletswydd ar y tad Hebreig i hyfforddi ei blant yn hanesion ac egwyddorion y ffydd, ac i argraffu ar eu meddyliau y ffaith i'w tadau fod yn gaethweision yn yr Aifft, ac i'r Arglwydd eu gwaredu â 'braich gadarn' a 'llaw estynedig', gan eu harwain drwy'r 'anialwch mawr a dychrynllyd, lle'r oedd seirff gwenwynig a nadredd', eu porthi â manna, a'u harwain i Wlad yr Addewid. 'Bydd ofalus a gwylia'n ddyfal rhag iti anghofio'r pethau a welodd dy lygaid, a rhag iddynt gilio o'th feddwl holl ddyddiau dy fywyd; dysg hwy i'th blant, ac i blant dy blant' (Deut. 4:9). Hynny yw, yn ddelfrydol, y mae'r plentyn Iddewig i wybod o'r cychwyn cyntaf ei fod yn ddisgynnydd i blant y gorthrwm a'r Ecsodus. Hon yw'r saga fawr a ddygir i gof bob Pasg, yn arbennig y foment honno pan fydd y plentyn hynaf yn gofyn i'w dad, 'Pam y mae heno'n wahanol i bob noson arall yn y flwyddyn?' a'r tad, o ganlyniad, yn mynd ati i ailadrodd stori'r ymwared. Mae'n arwyddocaol, wrth gwrs, mai gŵyl y teulu, yn ei hanfod, yw'r Pasg Iddewig, ac mai ar yr aelwyd y dethlir hi.

Rhaid cydnabod bod perygl mawr i ni ddelfrydu'n rhamantus wrth adrodd yr hanesyn (gwir) uchod, oherwydd erbyn hyn y mae agwedd llawer iawn o Iddewon wedi newid, a'u ffydd hwythau hefyd wedi ei seciwlareiddio, ond yn draddodiadol maent yn bobl sy'n ymhyfrydu yn eu treftadaeth a'u hen, hen hanes. Holl bwynt ateb y rabi i ddyn y cyngor oedd bod cysylltiad annatod rhwng ymddygiad cymdeithasol yr unigolyn a'i ymdeimlad o hunaniaeth. Pan fydd pobl ifanc yn gwybod yn iawn pwy ydynt, ac i beth a phwy y maent yn perthyn, ni cheir geiriau anfad ar y muriau; ac i'r gwrthwyneb, pan nad yw pobl yn gwybod i bwy y perthynant, dyna pryd y byddant yn ymddwyn mewn modd treisgar a gwrthgymdeithasol.

Beth oedd i gyfrif am y terfysg ar strydoedd Oldham a Burnley a Barnsley yn gynharach yr haf hwn? Nodwyd y ffactorau canlynol: diffyg manteision addysg; diweithdra; ymdeimlad o anobaith; lefel isel o hunan-werth; ac yn fwy na dim y ffaith fod pobl wedi eu diwreiddio'n ddiwylliannol ac ysbrydol. Ac yn sicr nid yw'r dadansoddiad yn amherthnasol i'r hyn sy'n digwydd ar strydoedd trefi a phentrefi Cymru y dyddiau hyn. Arweiniodd y cefnu ar eglwys a chapel ac Ysgol Sul at chwalfa gymdeithasol; darniwyd yr undod cymunedol a oedd gynt yn bodoli (undod â'i wreiddiau'n ddwfn yng nghymdeithas yr eglwys), ac ni lwyddwyd hyd yma i lenwi'r gwacter a grëwyd o ganlyniad. Does ryfedd fod pobl ifanc yn cicio dros y tresi.

Er bod y cymdeithasegwr Peter Burger yn amwys, braidd, yn ei ymdriniaeth o grefydd (weithiau mae'n dadlau bod crefydd yn gyfrifol am alltudio a dieithrio'r unigolyn), gan amlaf mae'n ei gweld yn nhermau gwrthglawdd sy'n sefyll yn erbyn yr hyn a eilw yn *anomie*, sef datgymaliad cymdeithasol. Erbyn heddiw y mae'r clawdd wedi ei fylchu mewn llawer man ac y mae'r canlyniadau'n amlwg i bawb eu gweld. O feddwl, onid oedd y diacon hwnnw yn fy maes cyntaf (glöwr wrth ei waith, a gŵr diwylliedig, dwfn ei argyhoeddiadau) yn llygad ei le pan ddywedodd wrthyf fwy nag unwaith mai 'crefydd yw'r sment sy'n dal y cyfan at ei gilydd'? Na, nid yr eglwys yn unig sy'n dioddef pan â'r stori'n angof.

Edau Bywyd

Yn ddiweddar cyhoeddodd yr Athro Derek Morgan (Athro mewn Deddfwriaeth Gofal Iechyd a Meddyg-aeth Gyfreithiol ym Mhrifysgol Cymru, Caerdydd) nad yw hi ond yn fater o amser cyn geni'r clôn dynol cyntaf. Hwyrach na ddigwydd hynny am rai degawdau eto, ac mae'n ddigon posibl nad ym Mhrydain y daw hyn i fod, ond y mae'n anochel y gwawria'r dydd pan fydd hyn yn ffaith. Ychwanegodd yr athro: 'Y mae'r rhan fwyaf o wyddonwyr o'r farn y bydd rhywun yn rhywle, yn hwyr neu'n hwyrach, yn sicr o anelu at roi genedigaeth i glôn dynol, ac yn fwy na thebyg, o ran arbenigedd a medrusrwydd, fe fydd yr ymgais yn un lwyddiannus'.

Yr hyn yw clonio yw'r dechneg o gymryd celloedd o gorff creadur byw er mwyn creu copi unfath, unwedd, o'r creadur hwnnw. Fe gofir i 'Dolly', sef y clôn o ddafad a 'grëwyd' gan wyddonwyr yng Nghaeredin, ennyn diddordeb mawr – ynghyd â phrotest fawr – o du'r cyhoedd. Defnyddiwyd yr un broses yn union gan feddygon yn yr Unol Daleithiau i glonio embryo dynol. Yn gyntaf, rhaid crafu'r DNA o'r wy, chwistrellu'r wy â bywyn o gell groen, ac yna defnyddio cerrynt trydan i roi cychwyn i'r broses atgenhedlol. O fewn wythnos o amser y mae chwe chell newydd wedi ymffurfio.

Ni ellir gwadu bod y dechneg hon yn bodoli. Yr hyn sy'n llawer mwy ansicr a dadleuol yw'r goblygiadau moesol. Eisoes y mae mudiadau megis *Pro Life*, a grwpiau gwrth-erthyliad megis Y Gymdeithas er Diogelu'r Baban yn y Groth, wedi datgan eu gwrthwynebiad yn y termau cryfaf posibl. Gan ddadlau bod bywyd dynol yn dechrau y foment y cenhedlir ef ni welant fod modd cyfiawnhau nac erthylu na chlonio. Hyd yma ni ellir rhagweld yn union beth fyddai'r peryglon i'r fam, ar y naill law, nac, ar y llaw arall, i'r plentyn – erys y posibilrwydd o fabanod yn cael eu geni â'u cyrff wedi eu hanffurfio ac yn dioddef o namau difrifol – pe aed â'r broses i'w phen draw. Ddiwedd Tachwedd bu'r llywodraeth yn San Steffan yn paratoi deddfwriaeth frys i atal y posibilrwydd o fam ym Mhrydain yn rhoi genedigaeth i blentyn wedi ei glonio. I bob golwg fe fydd y mesur newydd hwn ar y llyfr statud yn fuan.

Dadl nifer o'r arbenigwyr yn y maes yw nad creu baban wedi ei glonio yw'r bwriad, ond yn hytrach defnyddio'r arbrofion cyfredol i hybu'r frwydr yn erbyn doluriau megis cancr, y clefyd siwgr, AIDS, trawiadau strôc, a chyflyrau dirywiol megis clefydau Parkinson ac Alzheimer. Y gamp yw cael gafael yn y bôn-gelloedd (*stem cells*), a raglenwyd rhag blaen ym mhroses twf yr embryo, i ddatblygu'r organau allweddol megis yr ymennydd, y galon a'r afu. Dyna'r Greal Sanctaidd ym myd technoleg yr embryo. Datganodd Dr Michael West, aelod o dîm yr *Advanced Cell Technology* (â'i ganolfan yn

Worcester, Massachusetts), nad oedd gan y cwmni unrhyw fwriad i greu clôn o berson dynol, ond yn hytrach addasu'r wybodaeth newydd er mwyn ymladd afiechydon angheuol. Meddai Dr West: 'Dyma'r camau petrus cyntaf tuag at sefydlu maes cwbl newydd ym myd meddygaeth fodern'. Mae'n debyg y gallai'r technegau newydd brofi'n hynod werthfawr wrth drawsblannu organau.

Beth a ddywedwn am y pethau hyn? Ni all gwyddoniaeth beidio â bod yn arloesol, ond y mae iddi ei therfynau. Cyfyd y cwestiwn a oes gan ddyn yr hawl foesol i ymyrryd yn y broses genhedlu? Nid crëwr mo dyn ond creadur. Rhoddwyd iddo'r gallu i genhedlu bywyd, ond Duw yn unig a fedd yr hawl i'w greu. Yr athronydd Nietzsche a'n hatgoffodd o'r ffaith fod diorseddu Duw yn rhwym o arwain yn y diwedd at ddwyfoli dyn a'i orseddu'n bennaeth ar y cread. Roedd diwinyddiaeth 'marwolaeth Duw' mewn bri yn chwe degau'r ugeinfed ganrif. Tybed a ydym yn awr yn dechrau gweld ffrwyth ymarferol y ddysgeidiaeth honno?

Mynnwn ninnau fod bywyd – bydded yn embryo di-anedig, neu'n fywyd yn tynnu at ei derfyn mewn corff bregus, eiddil – yn gysegredig, gan fod pob bywyd, yn ei hanfod, yn greadigaeth Duw. Droeon y dyfynnwyd cwpled enwog Daniel Evans (Daniel Ddu o Geredigion, 1792–1846):

> Duw biau edau bywyd
> A'r hawl i fesur ei hyd.

Hwyrach fod cynnwys yr ail linell yn destun trafodaeth bellach, ond y mae'r gwirionedd a geir yn y llinell gyntaf yn oesol a digyfnewid. A chan mai Duw, a neb arall, 'biau edau bywyd', y mae'n rhaid i ninnau fod yn ochelgar ac yn wyliadwrus wrth ei drin.

Oedfa'r Bore

'Daw Oedfa'r Bore yn ddiweddarach y bore 'ma o'r stiwdio . . .' Bellach yr ydym yn hen gyfarwydd â chlywed y cyhoeddiad hwnnw ar Radio Cymru ar fore Sul. Yn ôl yr hyn a ddeallwn, hwn fydd yr hysbysiad arferol yn ystod y flwyddyn newydd hon gan mai'r bwriad yw parhau â'r arfer o wahodd rhywrai i un o ganolfannau'r BBC i eistedd o flaen meicroffôn a darllen sgript o'r weddi a'r bregeth, yn hytrach nag ymweld ag eglwysi a chapeli er mwyn darlledu'r oedfa'n fyw, neu ei recordio ymlaen llaw. Nawr, yn sicr, y mae lle i ddiolch i'r cyfryw gyfranwyr am lunio (yn amlach na pheidio) gwasanaethau perthnasol ac effeithiol a fu, ac a fydd eto, yn ddiau, yn gyfrwng bendith i'r gwrandawyr, ond y mae'r arferiad yn codi rhai cwestiynau sylfaenol ynghylch ystyr ac amcan addoli.

Yr hyn a wna 'Oedfa'r Bore' ar ei newydd wedd yw hepgor y gynulleidfa fyw. Wrth reswm, nid cynulleidfa sy'n *ymateb* i'r addoliad, ond yn hytrach unigolion ar eu pennau eu hunain, neu aelodau teulu gyda'i gilydd, neu grŵp o gleifion mewn ward ysbyty. Felly y bu o'r cychwyn cyntaf, ac y mae hyn yn dal o hyd yn anochel. Onid un o'r cymhellion cychwynnol y tu ôl i ddarlledu oedfa ar fore Sul oedd er mwyn i rywrai a oedd yn methu mynychu lle o addoliad, oherwydd salwch neu amgylchiadau eraill, gael cyfle i glywed pobl Dduw yn addoli er eu bod hwythau eu hunain yn analluog i fod yn rhan o'r gwasanaeth, ac yr oedd yr amcan hwnnw, yn sicr, yn un tra chymeradwy. Yn awr, fodd bynnag, nid cynulleidfa sy'n gyfrifol, ychwaith, am *gynnal* yr oedfa, ond yn hytrach unigolion yn eistedd mewn ystafell neilltuedig yn llawn peiriannau a gwifrau, ac yn gwneud defnydd, yn ôl y galw, o dapiau parod o emynau a chaneuon.

Y cwestiwn, felly, yw, a yw'n bosibl cynnal oedfa heb gynulleidfa? Yn sicr ddigon fe ellir, ac fe ddylid, cynnal defosiwn personol fel rhan o ddisgyblaeth ysbrydol pob Cristion unigol ('Dos i'th ystafell, ac wedi cau dy ddrws gweddïa ar dy Dad sydd yn y dirgel . . .'), ond a ellir cynnal oedfa heb gynulleidfa? Yn ei ragymadrodd, na chafwyd erioed ei ragorach, i *Lyfr Gwasanaeth yr Annibynwyr* (1952) y mae W. B. Griffiths yn diffinio oedfa yn nhermau 'y cynulliad cyfan yn ymroi i wasanaethu Duw', hynny yw, pobl Dduw ('y cynulliad *cyfan*', sylwer) yn cydgyfarfod er mwyn offrymu, mewn cymdeithas â'i gilydd, ac o dan arweiniad yr Ysbryd Glân, offrwm o fawl i'r Goruchaf. Mae'n anodd gan rai ohonom beidio â glynu wrth y diffiniad clasurol hwn, ac i synio am oedfa, o reidrwydd, yn nhermau gwasanaeth a gyflawnir gan gynulleidfa. Felly, os yw'r trefniant presennol i barhau a fydd modd galw'r slot crefyddol ar fore Sul yn 'Oedfa'r Bore'? Gall fod yn 'Ddefosiwn y Bore', yn 'Fyfyrdod y Bore', neu hyd yn oed yn 'Hanner awr i Feddwl', ond prin y bydd modd ei alw yn 'oedfa'.

Wrth gwrs, yn anffodus, yr ydym yn byw mewn oes sy'n ddibris o werth oedfa, ac fe welir y dibristod hwn nid yn unig yn agwedd y sawl sydd y tu allan i'r eglwys, ond hefyd ymhlith nifer sydd, mewn enw, o leiaf, y tu mewn iddi. Y mae llai a llai yn mynychu oedfaon. Ceir rhywrai sydd â'u henwau ar lyfr eglwys ac sy'n fwy na pharod i helpu'r eglwys ym mhob rhyw fodd – bydded hynny'n lanhau'r capel, torri'r lawntiau, paentio'r drysau a fframiau'r ffenestri, neu hyd yn oed drefnu gweithgareddau ieuenctid – na fyddent, dros eu crogi, yn ystyried dod i'r cwrdd. Mae'r syniad ar gynnydd mai rhywbeth preifat, esoterig yw crefydd, rhywbeth i'r unigolyn ar ei ben ei hunan. 'Credu heb berthyn' – dyna'r athroniaeth ddiweddaraf, ac y mae iddi beryglon mawr. (Gweler llyfr diweddaraf Alan Jamieson, *A Churchless Faith*, SPCK).

Nid ydym heb gydymdeimlad â phobl y cyfryngau. Bychain yw'r mwyafrif o gynulleidfaoedd Cymru erbyn hyn, ac nid yw dyrnaid o addolwyr mewn clorwth o gapel gwag yn sefyllfa ddelfrydol ar gyfer darlledu. Lleihau a wna nifer ein gweinidogion. Ac fe all symud offer a thimau cynhyrchu o gwmpas y wlad fod yn anymarferol a chostus. Er gwaethaf hyn i gyd, pwyswn ar y BBC i adfer y darllediad byw o oedfaon capeli ac eglwysi. Hynny, a hynny'n unig, fydd yn adlewyrchu'n gywir yr hyn sy'n digwydd pan fydd aelodau'r eglwys yn cyfarfod fel cynulleidfa o bobl Dduw i fawrhau eu Harglwydd. Yn sicr nid oes dim i'w gymharu â chynulleidfa fyw (a bywiog) yn cyd-ganu mawl, yn cyd-weddïo ac yn cyd-ymateb i'r darllen a'r pregethu o'r Gair. Y mae cenhedlaeth ifanc yn codi yn y Gymru hon nad yw'n gwybod dim am y profiad, ac y mae ei cholled yn ddifesur.

Caplaniaeth

Mewn dyddiau pan fo'r byd yn fwy na pharod i feirniadu'r eglwysi am bob math o ddiffygion honedig, gan haeru mai prin, mewn gwirionedd, yw eu cyfraniad i fywyd cymdeithas yn gyffredinol, byddai'n dda cofio am un gwasanaeth y mae'r eglwysi'n parhau i'w gynnig i bobl y tu draw i ffiniau llan a chapel, sef gweinidogaeth y caplan. Trwy wledydd Prydain ceir rhwydwaith o gaplaniaethau – mewn ysgolion, colegau, ysbytai, carchardai a ffatrïoedd, heb sôn am y lluoedd arfog – a thrwyddo y mae'r eglwys yn llwyddo i estyn allan i'r byd gan gynnig cyngor a chynhorthwy, cefnogaeth a chysur i bwy bynnag sydd am fanteisio ar y gwasanaeth. Yn ddiweddar penodwyd caplan i weinidogaethu i staff a chwsmeriaid archfarchnad Asda yn Wrecsam, a'r un modd i aelodau heddlu Caergybi.

Cafodd rhai ohonom gyfle i wasanaethu fel caplaniaid ysbyty, hynny yn y sector sy'n delio â chyflyrau meddyliol a seiciatryddol. Un o freintiau'r gwaith, yn ddiau, yw'r cyfle i gydweithio ag offeiriaid Pabyddol ac Anglicanaidd, ynghyd â gweinidogion Ymneilltuol, heb anghofio am y chwiorydd a'r lleianod o'r traddodiad Catholig. Byddai'n gwbl amhosibl cyflawni'r gwaith ond fel aelod o dîm cydenwadol, nid yn unig gan mai hyn a hyn o oriau'r wythnos y mae'n bosibl i neb ohonom eu rhoi i'r gwaith (yn ychwanegol at alwadau gweinidogaeth brysur i'n heglwysi), ond hefyd gan fod y cleifion eu hunain yn perthyn i amrywiol draddodiadau eglwysig, a llawer ohonynt heb fod yn perthyn i nac eglwys nac enwad o fath yn byd. Prif ofynion y gwaith yw ymweld â'r wardiau, sgwrsio ac ysgwyd llaw (yn aml y mae cydiad llaw yn bwysicach na dim gan nad yw'r claf, os yw'n oedrannus a'r meddwl ar chwâl, yn medru mynegi ei hunan ar lafar), offrymu gweddi, darllen o'r Ysgrythur, cynnal gwasanaethau wythnosol a gweinyddu'r Cymun (naill ai yn y capel neu wrth erchwyn gwely). Hyn oll yn enw'r Hwn a amlygodd dosturi a chydymdeimlad at feibion a merched dynion, o bob gradd a chyflwr, a'u hymgeleddu â'i ras.

Nid y lleiaf o gyfrifoldebau'r caplan, yn arbennig mewn adran seiciatrig, yw ateb cwestiynau a rheiny, yn amlach na pheidio, yn rhai dirdynnol a dyrys. Nid oes gan y rhai sydd wedi eu llorio gan anobaith llwyr, sy'n teimlo iddynt gyrraedd pen eu tennyn a tharo'r gwaelod yn gorfforol, yn feddyliol ac yn emosiynol, ac sy'n amau, rhywsut, fod bywyd (neu ffawd) wedi eu trin yn annheg, fawr o ddiddordeb yng nghyfnewidiadau'r tywydd a'r byd ffasiwn, neu'r sgandal ddiweddaraf yn *Pobl y Cwm*. Y mae 'Pam fi, Duw?' yn gwestiwn cyffredin. Felly hefyd: 'Os yw Duw yn bod, pam nad yw'n fy helpu?'; 'Beth wyf i wedi ei wneud 'mod i'n dioddef fel hyn?'; 'Ydy Duw yn maddau?'; 'A yw marw yn ddiwedd terfynol?' Wrth ymateb i'r cyfryw ofynion y mae angen gofal a sensitifrwydd mawr. Rhaid i'r gweinidog osgoi rhoi'r argraff fod ganddo'r holl atebion i 'ddwys gwestiynau dynolryw', a'i fod mewn unrhyw ffordd yn arbenigwr ar faterion ffydd a chred. Gan ymarfer gofal a thynerwch ni all ond atgoffa'r holwr o gysuron ac addewidion yr Efengyl, a'i sicrhau fod inni archoffeiriad sy'n cyd-ddioddef â'n gwendid ni. Ar rai adegau ni fydd dim yn tycio; bydd y claf yn adweithio'n chwyrn i unrhyw sylw 'crefyddol', ac yn ei dweud hi'n llym am y llanast a greodd crefydd yn y byd, ac am ragrith a balchder y sawl sy'n proffesu ffydd. Bryd hynny ni ellir ond ymdawelu.

O bryd i'w gilydd gwelir pobl wedi eu parlysu gan ofn. Nid yn anfynych y bydd yr ofn hwn o natur 'ysbrydol', wedi ei wreiddio mewn rhagdybiau crefyddol. Ofni Duw sydd yn deyrn didostur; ofni uffern a chosb dragwyddol; ofni Satan a gallu'r tywyllwch. Ni all rhywun osgoi gofyn ym mha gefndir crefyddol y codwyd y sawl a gyflyrir i ofni i'r fath raddau? Pa ddehongliad o'r efengyl a glywsant? Sut y dysgasant am Grist? Daw sylw Dennis Potter, y dramodydd, i'r meddwl: 'Sut fath o gythraul yw Duw os taw ofn yw conglfaen ac adeiladwaith crefydd . . . yn rhy aml, ac i ormod o bobl, dyna yw'.

Gwelir baich yn codi, a wyneb yn goleuo, wrth ddyfynnu gwahoddiad Iesu i'r truan ac i'r gwan: 'Dewch ataf fi, bawb sy'n flinedig ac yn llwythog, ac fe roddaf fi orffwystra i chwi'. A'r un modd wrth nodi pa mor aml y bu'r deuair cysurlawn, 'Nac

ofnwch' ar ei wefusau. Ac yna, drachefn: 'Peidiwch
â gadael i ddim gynhyrfu'ch calon . . . yr wyf yn
gadael i chwi dangnefedd'. Y mae yn y geiriau
digymar hyn o eiddo'r Gwaredwr allu rhyfeddol
heddiw, fel ag erioed, i leddfu ofnau'r fron ac i
iacháu'r galon friw. I hynny y mae'r caplan yn dyst.

Weithiau daw cyfle i ddyfynnu geiriau Sant Ioan
y Groes: 'Yn y diwedd bydd Duw yn dy archwilio
mewn cariad'. Amlygiad o gariad Duw yw ei gerydd.
Nid teyrn mohono ond Tad, tad nad yw'n dymuno
dim i'w blant ond eu lles a'u diogelwch. Ys
dywedodd Rudolf Bultmann: 'Natur ffydd yw gweld
barn Duw a gras Duw gyda'i gilydd'. Ac mae'n holl
bwysig ein bod ninnau yn eu gweld, bob amser,
gyda'i gilydd, ac yn arbennig, felly, yng nghyd-
destun y salwch a'r anobaith sy'n llethu ysbryd
cynifer o bobl y dyddiau hyn.

Testunau Diwinyddol

Ffydd y Tadau

Ymddengys bod rhwyg difrifol wedi agor ymhlith y cymunedau Iddewig ym Mhrydain. Dewisodd y Prif Rabi Jonathan Sacks, sy'n aelod o'r blaid uniongred, ei absenoli ei hunan o angladd Rabi Hugo Gryn – gŵr a oedd yn aelod mewn synagog diwygiedig ac a berchid yn fawr fel rhywun a oroesodd yr Holocost ac a wnaeth lawer i hybu heddwch a chyd-ddeall-twriaeth ymhlith ei bobl. Roedd yn ddarlledwr poblogaidd ac yn gymeriad cynnes a hynaws. Ond fe'i cyhuddwyd gan Sacks o fod 'ymhlith y rhai sy'n distrywio'r ffydd'.

Er mwyn deall y tyndra presennol mae'n ofynnol mynd yn ôl i ddechrau'r ddeunawfed ganrif pan gafwyd ymgais ymhlith nifer o Iddewon dysgedig Ewrop i addasu eu crefydd yng ngoleuni datblyg-iadau gwyddonol y cyfnod ac i wneud Iddewiaeth yn dderbyniol yng ngolwg y gymdeithas genhedlig yr oeddent yn rhan ohoni. Mynnai'r athronydd Moses Mendelssohn (1729–1786) y dylid cymodi rhwng crefydd a rheswm, ac y dylid mynd ati i geisio anadlu bywyd newydd i mewn i ffydd y tadau. Yn 1780, cyfieithodd lyfrau'r Hen Destament i'r Almaeneg. Roedd hwn yn gam chwyldroadol gan fod Iddewiaeth uniongred yn dysgu nid yn unig bod yr Ysgrythurau yn air llythrennol a digyfnewid Duw ond eu bod felly yn unig yn yr iaith y'u cofnodwyd ynddi'n wreiddiol, sef yr Hebraeg.

Amcan Israel Jacobson oedd dod ag elfennau newydd i mewn i'r litwrgi, megis canu emynau mewn Almaeneg; gwneud defnydd o organ i hyrwyddo'r mawl; caniatáu corau cymysg; pregethu yn yr iaith frodorol; cwtogi ar y gweddïau meithion; cynnal gwasanaeth conffyrmasiwn i fechgyn Iddewig er mwyn i Iddewiaeth ymdebygu i Gristionogaeth. Yn wir aeth Jacobson mor bell ag ymwrthod â'r term 'synagog' yn gyfan gwbl, gan alw ei le o addoliad yn 'deml'.

Ynghyd â'r diwygiadau ymarferol hyn argymhell-wyd nifer o newidiadau syniadol, er enghraifft, na ddylid glynu yn y gobaith y buasai'r genedl gyfan, ryw ddydd, yn dychwelyd i Seion; na ddylid meddwl am y Meseia fel un a ddeuai i arwain Israel i fuddugoliaeth derfynol dros y gelyn ar faes y gad; na ddylid meddwl yn nhermau ailadeiladu'r deml yng Nghaersalem; na ddylid ailsefydlu'r hen drefn aberthol. Dadleuai'r ysgolhaig Leopold Zunz nad oedd modd i'r grefydd fod yn statig a di-symud, ac y byddai'n rhaid iddi, os oedd am fyw, newid wyneb yn wyneb â theithi meddwl yr oes.

Yn Llundain, yn 1840, y sefydlwyd y gynulleidfa ddiwygiedig gyntaf ym Mhrydain a hynny gan grŵp o fasnachwyr cyfoethog a oedd wedi cefnu ar rai o synagogau uniongred y ddinas. Aelod blaenllaw o'r mudiad newydd hwn, Iddewiaeth Ryddfrydol Prydain, oedd Claude Montefiore a ddadleuai nad Moses oedd awdur y Pumllyfr; bod Seioniaeth yn anghydnaws â'r dehongliad o Iddewiaeth yn nhermau crefydd fyd-eang; ac y dylai'r Iddew fod â pharch sylfaenol at neges Iesu o Nasareth ac at y ffydd Gristionogol.

O bryd i'w gilydd arweiniwyd y gwasanaethau yn y synagog diwygiedig yn Llundain gan ferch (sef Lilian Montague – un o gefnogwyr mwyaf brwd Montefiore) – arfer a oedd yn waharddedig yn y gweddill o synagogau'r ddinas. Yn 1903 gwnaed cais gan y gynulleidfa hon am ganiatâd i ddefnyddio adeiladau Synagog Gorllewin Llundain, a oedd, wrth gwrs, yn llawer mwy traddodiadol. Rhoddwyd caniatâd, ar yr amod bod y dynion a'r gwragedd yn eistedd ar wahân i'w gilydd yn y gwasanaethau, ac na fyddai'r un chwaer yn cael arwain yr addoliad.

Nid pawb o Iddewon Ewrop oedd yn fodlon â'r radicaliaeth newydd hon. Mynnai Moses Sofer fod 'yr hyn sy'n newydd yn cael ei wahardd gan y Tora'. Ac eto nid oedd yr uniongredwyr Iddewig yn unfarn â'i gilydd. Galwai Simon Raphael am barch tuag at 'y Tora ynghyd â ffordd y wlad' (hynny yw, y diwylliant cynhenid, brodorol), ac meddai Samson Raphael Hirsch, 'Mor dda yw cael astudio'r Tora a chymryd rhan, yr un pryd, mewn bywyd-bob-dydd'. Yn wir y mae'r ddau ymateb gwahanol hyn i foderniaeth o du'r uniongredwyr yn parhau o hyd. Hyd yn oed heddiw y mae lleiafrif o Iddewon uniongred sy'n dal i wisgo'n draddodiadol, sy'n ymwrthod ag addysg seciwlar, ac sy'n gwrthod gwneud defnydd o fanteision y dechnoleg fodern, pethau megis trydan, teledu, papur newydd, car a sgiliau meddygol. Gwell ganddynt fyw yn eu *ghetto* neilltuedig, gan gysylltu ond yn y modd lleiaf posibl â'r byd mawr oddi allan. Ar y llaw arall y mae'r mwyafrif o uniongredwyr yn ceisio dilyn y llwybr a gymeradwywyd gan Hirsch. Mae eu gwisg yn orllewinol; mynychant brifysgolion a cholegau; ac y maent yn barod i dderbyn gwerthoedd diwylliannol y wlad lle maent yn byw. Bydd y dynion yn eillio'r wyneb a'r gwragedd yn gwisgo'u gwallt yn ôl ffasiwn y dydd. Dyma'r hyn a elwir yn uniongrededd modern.

Yr hyn a frigodd i'r wyneb yn y ddadl bresennol, a fu'n ddigon chwyrn ar brydiau, yw'r gwahaniaethau dyfnion rhwng yr hen a'r newydd, yr uniongred a'r radical, y traddodiadol a'r cyfoes. Y mae un peth yn galonogol. Bu nifer o Iddewon dylanwadol, unigolion megis Rabi Jonathan Romain a'r aelod seneddol Greville Janner, yn galw ar i'r amrywiol bleidiau dderbyn ei gilydd yn frawdol, ac ymarfer goddef-garwch. Yn sicr byddai o fudd i ninnau sy'n arddel y ffydd Gristionogol wrando ar eu hapêl.

Yr Egwyddor Gynulleidfaol

Rhoddwyd cryn sylw yn y *Seren* yn ddiweddar i bwysigrwydd y drefn gynulleidfaol. Nid am ddim y dadleuwyd mai awdurdod neu sofraniaeth yr eglwys leol yw un o hanfodion diffiniad y Bedyddwyr, megis yr Annibynwyr, o natur eglwys. Ni welir yr eglwys yn nhermau cyfundrefn hierarchaidd ond yn hytrach fel pobl Dduw yn cydymgynnull ac yn ymffurfio'n *ecclesia*, a hynny, ni a dybiwn, yn ôl y patrwm a geir yn y Testament Newydd. A'r uned leol hon, o ba faint bynnag y bo, a fedd yr hawl i drefnu ei bywyd ei hun, heb ymyrraeth oddi allan.

Y perygl gyda phopeth da yw'r posibilrwydd iddo gael ei gamddefnyddio, ac yn hyn o beth nid yw'r egwyddor sydd o dan sylw gennym yn awr yn eithriad. Ar ei gorau gall y drefn gynulleidfaol ennyn ymdeimlad o gyfrifoldeb ac atebolrwydd, rhywbeth sydd i'w gymeradwyo'n fawr mewn oes mor ddi-hid â'n heiddom ni, oherwydd os taw'r gell unigol sydd â chyfrifoldeb am gymryd penderfyniadau ni ellir beio na sasiwn nac undeb am unrhyw gamweinyddu. Fodd bynnag, y mae'n bosibl inni lechu y tu ôl i'n cynulleidfaoliaeth a'i throi'n esgus cyfleus dros beidio â gweithredu fel y dylem. Ceir enghreifftiau o eglwysi'n gwrthod ymuno ag eglwysi cyfagos er mwyn sefydlu cylch a fyddai'n hwyluso galw a chynnal gweinidog. Ar y llaw arall gwelir rhai cylchoedd yn ymffurfio na wnânt synnwyr yn ddaearyddol (heb sôn am unrhyw ystyriaeth arall) gan eu bod yn gorfodi gweinidog i deithio pellteroedd ar y Sul er mwyn cyrraedd y diadelloedd gwasgaredig. Nid peth anghyffredin yn y Gymru hon yw bod gweinidogion o'r un enwad yn gorfod croesi llwybrau ei gilydd wrth fynd o un capel i'r llall ar eu siwrneiau Sabothol. Gwelir rhai cynulleidfaoedd yn penderfynu hepgor gweinidogaeth sefydlog gan dybio bod dibynnu ar bregethwyr achlysurol yn hwylusach ac yn rhatach trefn na chynnal gweinidogaeth sefydlog, gyflawn y Gair a'r ordinhadau ynghyd â bugeiliaeth gyson. Tybed sut fyddai arnom yn awr pe bai'r eglwysi, flynyddoedd yn ôl erbyn hyn, wedi mabwysiadu'r cynllun i sefydlu cronfa ganolog i gynnal y weinidogaeth yn anrhydeddus ac i baratoi pensiwn teilwng i weinidogion pan ddaw'r dydd i ymddeol? Daliwn i gredu y byddai'n llawer gwell arnom heddiw – fel eglwysi ac fel gweinidogion – pe bai'r freuddwyd honno wedi ei gwireddu. Gall, fe all rhyddid droi'n benrhyddid, a'r penrhyddid hwnnw yn ei dro yn troi'n anrhefn ac yn annibendod.

Y mae angen pwysleisio dau beth. Yn gyntaf, nad cyfystyr cynulleidfaoliaeth ag annibyniaeth ddiamod a direol. O'r cychwyn cyntaf mynnodd y tadau y dylid dwyn eglwysi unigol o dan adain cymanfa er mwyn rhoi iddynt y cyfle i gyd-gymdeithasu, i gyd-ystyried eu sefyllfaoedd a'u problemau, ac i gyd-gynllunio ar gyfer y dyfodol. Oni ddadleuodd yr hanesydd, Dr Thomas Richards, fod arlliw o Bresbyteriaeth ar y drefn a sefydlwyd gan John Miles yn Ilston? Ym marn llawer ohonom ni wnâi mesur o Bresbyteriaeth ddrwg o gwbl i ninnau, Fedyddwyr, heddiw. O leiaf, onid da fyddai inni ystyried y 'weinidogaeth', o ran ei lleoliad, ei hadnoddau a'i chynhaliaeth, yng nghyd-destun Cymanfa a Chwrdd Dosbarth? Darfu am y dydd, gobeithio, pan oedd hi'n bosibl i eglwysi weithredu'n annibynnol ar bawb a phopeth arall heb ystyried y sefyllfa ehangach yr oeddent yn rhan ohoni, a'u cyfrifoldeb tuag at eu chwaer eglwysi cyfagos.

Yn ail, pwysleisiwn mai'r gwir ryddid a berthyn i'r gynulleidfa leol yw rhyddid rhag gormes a gorchymyn unrhyw awdurdod seciwlar, boed frenin neu lywodraeth neu senedd, er mwyn iddi ddilyn goleuni a chyfarwyddyd yr Ysbryd Glân. Yn y 'Datganiad o Egwyddor' yn *Cyfansoddiad Undeb Bedyddwyr Cymru* nodir mai sail yr Undeb yw hwn: 'Mai ein Harglwydd a'n Gwaredwr Iesu Grist . . . yw'r unig awdurdod llwyr a hollol mewn materion yn ymwneud â ffydd ac ymarfer . . . a bod gan bob Eglwys ryddid i ddehongli ac i weinyddu Ei Gyfreithiau dan arweiniad yr Ysbryd Glân.' Y mae'r cymal olaf yn un tra phwysig. Os gwir a ddywedwyd mai dyletswydd gyntaf y Cristion unigol yw ceisio'i feistr ac nid ei ryddid, gwir hynny hefyd am y gynulleidfa. Nid rhyddid i ddilyn chwiw a mympwy yw'r rhyddid a feddwn yng Nghrist ond rhyddid i ymddwyn yn gyfrifol o dan arweiniad Ysbryd Duw. Nid yw'r un eglwys yn rhydd, yn annibynnol, yn hunanddibynnol nac yn hunanlywodraethol yn yr ystyr y gall wneud fel y myn; y mae'n rheidrwydd arni i ddeall ei rhyddid yng ngoleuni'r cyfrifoldeb aruthr a osodwyd arni i ddilyn ei Meistr i ba le bynnag y myn Ef ei thywys.

Ceir enghraifft wych o'r hyn a argymhellir gennym yn Actau 15. Yn y llythyr a ddanfonwyd gan Gyngor Jerwsalem at Gristionogion Antiochia (ynghylch cwestiwn derbyn cenedl-ddynion dienwaededig yn aelodau o'r eglwys) dywedir: 'Penderfynwyd gan yr Ysbryd Glân a chennym ninnau beidio â gosod arnoch ddim mwy o faich na'r pethau angenrheidiol hyn . . .' (adnod 28). Yr 'Ysbryd Glân' a 'ninnau' oedd yn dod i benderfyniad, a'r Ysbryd oedd yn cael y flaenoriaeth! Ni ellir rhagorach egwyddor.

Nid cynulleidfaoliaeth ynysig, benrydd, fewnblyg a argymhellwyd gan arloeswyr enwad y Bedyddwyr yng Nghymru, ond yn hytrach gynulleidfaoliaeth gyfrifol, aeddfed a chytbwys. Ac wrth i ninnau heddiw fynd i'r afael â rhai o'r materion dyrys sy'n ein hwynebu, er enghraifft, patrymau'r weinidogaeth i'r dyfodol; y defnydd gorau o'r adeiladau hynny y mae eu cynnal yn faich afresymol yn aml ar y gweddill ffyddlon; ein perthynas â'n cyd-Gristionogion o enwadau eraill, mynnwn glust i wrando ar yr hyn y mae'r Ysbryd yn ei ddweud wrth yr eglwysi. A boed inni deimlo'n rhydd i gerdded y llwybrau y bydd yr Ysbryd yn ein tywys ar eu hyd, heb fod unrhyw ragfarn neu ffug deyrngarwch i'r gorffennol yn ein llyffetheirio.

Cyfrolau Crefyddol

Cefais gyfle'n ddiweddar i bori yng nghanol rhai cyhoeddiadau a ddosbarthwyd o dan y pennawd 'Crefydd' mewn siop lyfrau yng nghanol tref Caerfyrddin. Gellir cofio'r amser pan oedd yr adran arbennig hon yn llawn ac yn llwythog, a llawer o'r llyfrau'n esboniadau Beiblaidd, yn gyfrolau digon swmpus ar ddiwinyddiaeth Gristionogol, neu'n llyfrau clawr papur yn delio mewn arddull mwy 'poblogaidd' ag agweddau arbennig o'r Ffydd. Erbyn heddiw bu cwtogi mawr ar nifer y llyfrau crefyddol (dwy silff yn unig), ond bu mwy o newid fyth yn y mathau o lyfau a werthir. Ynghyd â'r Beibl a'r Llyfr Gweddi, ceir hefyd gopïau o'r *Bhagavadḡitā* a'r Cwrân, nifer o deitlau'n ymwneud â'r ocwlt, astroleg, gwrachyddiaeth, Zen, ioga a myfyrdod trosgynnol. Ac yna, nifer o deitlau mwy anghonfensiynol a bisâr. Nodaf dri ohonynt.

I ddechrau dyna lyfr gan Michael Drosnin, *The Bible Code*. Nodir yn y crynodeb ar y clawr cefn fod ar dudalennau'r Beibl gôd arbennig y bu ei gyfrinach ar goll am gyfnod o dair mil o flynyddoedd ond sydd wedi ei ddatgloi erbyn hyn gan gyfrifiadur. Gan fod dirgelion y côd yn awr wedi eu datgelu mae'n ddigon hawdd canfod fod y Beibl wedi rhagweld rhai o ddigwyddiadau mawr yr ugeinfed ganrif, megis cyfodiad Adolf Hitler, y glanio ar y lleuad, llofruddio'r brodyr Kennedy a Rhyfel y Gwlff. Ac fe broffwyda'r Beibl y digwydd yn fuan ddarganfyddiad gwyddonol a fydd yn gyfrwng i newid y byd a bywyd dyn ar y blaned hon mewn modd chwyldroadol. Yn gymar i'r gyfrol hon wele *The Truth Behind the Bible Code*. Bu'r awdur, Dr Jeffrey Satinover, yn ddarlithydd mewn seicoleg a chrefydd ym Mhrifysgol Harvard, ac ar hyn o bryd y mae'n astudio ffiseg ym Mhrifysgol Iâl. Dyma gynsail ei ddadl: os cywir y côd, bydd yn newid, am byth, ein syniadau am Dduw, am ffydd ac am ffawd. Ar y silff nesa i lawr dyma gael gafael ar *The Signature of God* gan Grant R. Jeffrey sy'n honni y ceir yn ddwfn ac ynghudd yng nghrombil y Beibl ddatguddiadau rhyfeddol am ein byd, ein gorffennol a'n dyfodol, a chodau cyfrin yn rhagfynegi ymddangosiad cymeriadau megis Hitler, Rabin a Sadat ar lwyfan hanes. A honnir bod enw Iesu, 'Ieshua', yn ymddangos drwy'r Hen Destament ar ei hyd trwy gyfrwng llythrennau cudd a osodwyd yn dra chyfrwys ymhlith cytseiniaid y testun Hebraeg.

Mae'n amlwg fod gan lyfrau o'r fath apêl gyffredinol, neu ni fyddai'r siop yn trafferthu i'w harddangos. Yr hyn a ddaeth i'm meddwl wrth edrych yn fras ac yn frysiog ar y cyhoeddiadau hyn oedd disgrifiad Graham Cray, Pennaeth Coleg Diwinyddol Ridley Hall, Caergrawnt, o'r diwylliant cyfoes yn nhermau '*a pick-and-mix culture*'. Hynny yw, y mae'n ffasiynol heddiw i ymwrthod â'r cyffesion ffydd traddodiadol ac i ddewis yn fympwyol gymysgwch o gredoau o bob math, a hynny o amryw ffynonellau i gydweddu â ffordd yr unigolyn o edrych ar fywyd a'i bwrpas. Yn hytrach na derbyn efengyl Iesu o Nasareth a'r 'ffydd a roddwyd unwaith i'r saint', dewisach gan lawer yn awr yw arddel rhyw gybolfa, *mishmash* anhygoel o syniadau. A'r mwyaf od, eithafol ac anghonfensiynol y syniadau hyn, gorau oll! Mae'n rhyfedd meddwl, mewn oes sy'n gosod cymaint pwys ar wyddoniaeth a thechnoleg, fod cynifer o bobl mor hygoelus a hydwyll, mor agored i bob math o ddylanwadau estron.

Yng nghanol hyn i gyd wele'r Beibl unwaith eto'n dioddef cam dybryd. Ar un llaw ceir y llythyrenoliaeth honno sy'n lladd ysbryd y peth byw, ac ar y llaw arall dyma osod y Beibl yn yr un drôr ag almanac *Old Moore*, a'i ddefnyddio fel pêl risial i geisio dehongli rhai o ddigwyddiadau'r gorffennol ynghyd â rhagweld rhai o ddigwyddiadau mawr, honedig y dyfodol – yn drychinebau, yn newyn, yn rhyfeloedd, yn blâu, yn ddaeargrynfeydd – a hyd yn oed i broffwydo ymweliadau gan fodau o blanedau eraill ac ymddangosiad rhyw ffigwr mytholegol o'r gofod i fod yn waredwr y byd.

Wrth godi rhai o'r cyfrolau hyn o'r silffoedd 'Crefydd' yn y siop lyfrau ni allwn ond diolch am yr ysgolheictod Beiblaidd (ac am y rhai o blith cenedl y Cymry sydd wedi cyfrannu'n sylweddol iddo) a roes inni ddehongliad synhwyrol a goleuedig o gynnwys yr Ysgrythurau. Dyma osod pob llyfr yn y Beibl yn ei gyd-destun priodol *(Sitz im Leben)*, gan geisio deall amcanion a theithi meddwl yr awdur(on) a luniodd y gwaith gwreiddiol. A dyma danlinellu'r gwirioneddau sylfaenol a pharhaol a gynhwysir yn y darn Ysgrythur o dan sylw. Ni allwn lai na diolch am oleuni dysg, oherwydd nid oes dim sy'n tywyllu'r gwirionedd yn fwy nag anwybodaeth a rhagfarn ac eithafiaeth gibddall.

Gwelai Kierkegaard y Beibl yn nhermau drych yn adlewyrchu gogoniant Crist. 'Yr anhawster,' meddai, 'yw iddi ddod yn ffasiwn i edrych mwy ar y drych ei hunan yn hytrach nag ar yr hyn a adlewyrchir ynddo'. Mor hawdd yw darllen unrhyw beth i mewn i'r Beibl, a dyfynnu ohono er mwyn cadarnhau rhyw safbwynt eithafol. Nid llyfr astrolegol mo'r Beibl, ond cyfrol sy'n tystio i'r ffaith fod 'Duw yng Nghrist yn cymodi'r byd ag ef ei hun'.

> O Arglwydd, dysg im chwilio
> I wirioneddau'r Gair,
> Nes dod o hyd i'r Ceidwad
> Fu gynt ar liniau Mair.

Yr ydym yn gyfarwydd â'r dywediad: 'Gall y diafol ddyfynnu 'Sgrythur at ei bwrpas ei hun'. Y mae angen ymchwil onest o dan gyfarwyddyd Ysbryd Duw i'w hiawn ddeall.

Y Meddwl Modern

Fis Awst eleni bu farw'r Parchedig Raymond Brown, Pabydd, ysgolhaig Beiblaidd o fri, ac un a achosodd gynnwrf nid bychan, ar fwy nag un achlysur, yn nyfroedd diwinyddol ei eglwys. Fe'i ganed yn Efrog Newydd, gan symud yn ei arddegau i fyw i Fflorida. Yn dilyn ei gwrs hyfforddiant a'i ordeinio'n offeiriad yng Nghymuned St Sulpice yn 1953, dyfarnwyd ysgoloriaeth iddo i weithio ar Sgroliau'r Môr Marw yn Jerwsalem. Yno, yn ystod 1958–59, cyfrannodd at baratoi mynegai i rai o'r testunau. Yn dilyn hyn bu'n dysgu yng Ngholeg y Santes Fair, Baltimore, cyn ei apwyntio, yn 1971, yn athro yng Ngholeg Diwinyddol Union, Efrog Newydd, y Pabydd cyntaf i'w benodi ar staff sefydliad a oedd yn draddodiadol Brotestannaidd, ac yma y bu hyd at ei ymddeoliad yn 1990.

Sicrhaodd ei safle fel ysgolhaig gyda chyhoeddi ei esboniad dwy-gyfrol ar Efengyl Ioan yng nghyfres yr *Anchor Bible*, a ymddangosodd yn 1966 a 1970. Dichon mai trwy'r gwaith hwn y daeth ei enw'n gyfarwydd i lawer ohonom. Ymhlith eraill o'i brif weithiau ceir *The Birth of the Messiah* (1977 – esboniad ar storïau'r geni); *The Death of the Messiah* (1994 – esboniad ar naratifau'r Dioddefaint); a *An Introduction to the New Testament* (1996 –

cyfrol swmpus o fil o dudalennau sy'n ymgais i argyhoeddi'r lleygwr, yn wyneb y sylw a roddir yn aml gan y cyfryngau i ddaliadau dadleuol rhai clerigwyr sgeptigol, nad dibwys, wedi'r cyfan, mo'r Efengylau mewn cylchoedd diwinyddol cyfoes). Ynghyd â'r uchod cyhoeddodd dros dri deg o weithiau eraill ar bynciau Beiblaidd. Cofir hefyd am ei gyfraniad pwysig fel aelod o Gomisiwn Ffydd a Threfn Cyngor Eglwysi'r Byd am dros chwarter canrif.

Un o'i briod nodweddion fel ysgolhaig oedd ei onestrwydd meddyliol. Mynnai fod yn rhaid i'r eglwys roi ystyriaeth ofalus i ffeithiau a thystiolaeth a allai (ar y dechrau, yn sicr) ei hanesmwytho a'i haflonyddu. Ni thâl iddi anwybyddu'r goleuni newydd a daflwyd ar lawer pwnc ac ar lawer dehongliad confensiynol gan ysgolheictod Beiblaidd a hanesyddol, a chan ddarganfyddiadau archaeolegol, megis dod o hyd i'r Sgroliau. Ym marn Brown yr ydym yn byw heddiw mewn cyfnod cyffrous pan fo diwinyddiaeth yn cymryd camau breision ymlaen. Erbyn hyn meddwn ar wybodaeth nad oedd yn eiddo i'r cenedlaethau a'n rhagflaenodd, ac ni allwn yn awr barhau â'n tystiolaeth fel pe bai'r wybodaeth hon heb ddod i law. Fe all y goleuni newydd hwn danseilio ffydd rhywrai, a'i gwneud yn anos iddynt ddal gafael yn eu cred, ond ar ddiwedd y dydd ni wna'r Eglwys unrhyw gymwynas â hi ei hunan trwy gau ei llygaid i'r hyn a ddatgelwyd gan ddargan-fyddiadau gwyddonol a seciwlar.

Perthynai Raymond Brown i'r genhedlaeth gyntaf

o Gatholigion America a ymatebodd i gylchlythyr y Pab Pius XII, *Divino Afflante Spiritu* (1943) a oedd yn caniatáu rhyddid i ysgolheigion ddefnyddio dulliau beirniadol wrth esbonio testun y Beibl. Yn *The Birth of the Messiah* y mae Brown yn awgrymu bod ysgolheigion yn y gorffennol wedi ofni mynd i'r afael â phynciau fel angylion a doethion a sêr a bugeiliaid rhag i hynny fwrw amheuaeth ar integriti eu hysgolheictod, hynny yn fwyaf arbennig ym marn eu cydysgolheigion. Nid oedd Brown ei hunan yn barod i ganiatáu i ragfarn o'r fath atal ei ymchwil. Ac ni osodwyd ffrwyn ar ei ddulliau pan feirniadwyd ef yn chwyrn gan nifer o geidwadwyr Pabyddol am iddo gwestiynu a yw'n bosibl profi'n hanesyddol y geni o Forwyn. Gyrrwyd Brown ymlaen gan ei onestrwydd unplyg a hefyd gan ei fwriad i geisio cyfarfod â gofynion y nifer cynyddol o'i gyfoeswyr a oedd yn chwilio am sylfaen ddeallusol-gredadwy i'w ffydd.

Yn ddi-ddadl y mae llawer heddiw sy'n anfodlon â'r dehongliadau traddodiadol. Y mae'r enedigaeth wyrthiol; y darlun o angylion yn nhermau bodau goruwchnaturiol yn ymddangos yn y ffurfafen uwchben meysydd Bethlehem; troi'r dŵr yn win; cerdded ar y dŵr ac yn y blaen, yn feini tramgwydd i lawer sy'n gwirioneddol ddyheu am ffydd grefyddol (Gristionogol) ond a rwystrir gan ddelweddau a symbolau sy'n estron ac afresymol (o'u cymryd yn llythrennol) i'r meddwl modern. Onid un o'r gorchwylion pennaf sy'n wynebu'r Eglwys heddiw yw'r her i ailddehongli'r Ffydd mewn termau rhesymegol a chredadwy i'r meddwl cyfoes? Rhaid dod o hyd i'r sylwedd y tu ôl i'r symbol, i'r gwirionedd y tu ôl i'r ddelwedd ac i'r ffydd oesol a pharhaol a gyflwynir yn aml ar dudalennau'r Beibl trwy gyfrwng myth a throsiad. Mawr yw'n dyled i Raymond Brown a'i debyg am arloesi'r ffordd.

Angladd Duw

Y mae gwir yn y gosodiad mai'r cam cyntaf tuag at sicrhau buddugoliaeth yw 'nabod y gelyn. Lle mae'r eglwys a'r ffydd Gristionogol yn y cwestiwn mae'n gwbl amlwg y dyddiau hyn, pan fo anghrediniaeth ac atheistiaeth yn dylanwadu'n drwm ar gynifer o'n cyfoeswyr, fod 'y gelyn yn gry'. Tybed sut mae'n hogi ei arfau? Sut y gallwn fynd ati i herio'i safbwynt ac ateb ei gyhuddiadau?

Â hyn yn gefndir dyma droi yn ddiweddar at ddwy gyfrol sy'n ymwneud ag anffyddiaeth y cyfnod modern. Bu Ludovic Kennedy, cyn-gyflwynydd *This Week*, *Panorama* a *Tonight,* a phlediwr achos mwy nag un a gafodd gam mewn llys barn, yn lladmerydd cyson i annuwiaeth ein dydd. Casglodd ynghyd i'w gyfrol, *All in the Mind: A Farewell to God*, yr hyn y byddai'n ei ystyried yn dystiolaeth gref o blaid ei ddadl. Ni all dderbyn y cysyniad o Dduw hollalluog, tragwyddol, yn grëwr y cyfanfyd. Mae'n dyfynnu o *An Investigation of the Essence of Deity* (Llundain, 1797) o eiddo Scepticus Britannicus (pwy'n union oedd hwnnw, tybed?): 'Yr ydym o'r farn . . . na fu gan y byd ddechrau, ac na fydd iddo ddiwedd, ond yn hytrach ei fod, o angenrheidrwydd, yn bod'. Y mae hwnnw, ynddo'i hunan, yn osodiad sy'n cymryd llawer yn ganiataol. Creadigaeth dyn yw

Duw. Felly, yr unig faes astudiaeth sy'n briodol i ddyn yw dyn ei hunan. Rhaid i ddiwinyddiaeth – a ystyrid gynt yn frenhines y gwyddorau – ildio'r dydd i anthropoleg.

Daw teitl cyfrol A. N. Wilson, *God's Funeral*, o gerdd Thomas Hardy o'r un enw:

> *And, tricked by our own early dream*
> *And need of solace, we grew self deceived,*
> *Our making soon our maker did we deem,*
> *And what we had imagined we believed.*

(Pennill VIII)

Roedd amheuaeth yn un o glefydau oes Fictoria, a bu Hardy yn dioddef yn hir o'r dwymyn.

Yr hyn a wna Wilson yw trafod rhai o amheuwyr enwog y bedwaredd ganrif ar bymtheg, gan gynnwys, wrth gwrs, y triawd dylanwadol: Darwin, a roes esboniad am ymddangosiad bywyd ar y blaned hon yn nhermau proses naturiol, ddi-grëwr; Marx, a ystyriai grefydd yn gyffur peryglus a rwystrai ddatblygiad y proletariat; a Freud, a welai grefydd fel ymgais dyn i ddiwallu ei angen seicolegol am ffigwr y 'tad'. Neilltuir adran i Hume (sut y mae'n bosibl gwybod unrhyw beth o gwbl?); Carlyle, a gredai fod Cristionogaeth wedi colli'r peth byw, heb sôn am ei hygrededd – ac eto a oedd yn gallu sgrifennu yn ei *Journal*, '*O! pe bai gen i ffydd!*'; Swinburne ('*Glory to man in the highest!/For man is the master of things*'); a phennod gyfan i ystyried y meddwl a'r method gwyddonol a fu, o bosibl, yn fwy cyfrifol na dim am droi pobl oddi wrth grefydd.

Fel y gellid disgwyl y mae'r ddau awdur yn cyflwyno'u hachos yn fedrus a rhesymegol. Wedi darllen eu cyfrolau ni all y credadun ond llefain gyda thad y bachgen lloerig, 'Y mae gennyf ffydd; helpa di fy niffyg ffydd' (Marc 9:24). Eithr nid yw'r ddau yn dilyn yr un trywydd yn hollol. Anghredadun digyfaddawd yw Kennedy. Y mae Wilson yn wahanol. Y mae ganddo ddiddordeb ysol mewn crefydd, fel y dengys ei gyfrolau ar Amwisg Turin; Iesu; Paul; a C. S. Lewis, ac nid yw ei ddadl yn *God's Funeral* yn unochrog ac unllygeidiog. Dengys nad yw oes ffydd wedi darfod amdani. Beth am yr ystyriaethau canlynol:

1. Er i Darwin gynnig damcaniaeth am y modd yr esblygodd bywyd ar wyneb y ddaear – damcaniaeth y mae iddi dderbyniad cyffredinol erbyn hyn – bu'n rhaid iddo yntau ei hunan gydnabod na fedrai egluro sut y cychwynnodd y broses yn y lle cyntaf. Dyma, yn ôl Wilson, yw'r bwlch mawr mewn Darwiniaeth.

2. Y mae'r cysyniad o Dduw yn rhan anhepgor o ymwybyddiaeth dyn. Y mae dyn yn fwy na bod materol; fe'i gwnaed gan ei grëwr yn 'enaid byw', ac ni all materoliaeth noeth ddiwallu ei ddyheadau dyfnaf. Pan oedd Nietzsche wrthi'n cyhoeddi marwolaeth Duw, a Hardy yn ysgrifennu adroddiad o'r cynhebrwng, pwy oedd ar fin ymddangos ar y llwyfan? Neb llai na meddylwyr crefyddol o

faintioli Simone Weil, Dietrich Bonhoeffer, Nicholas Berdyaev a Teilhard de Chardin.

3. Yn ei gerdd ddeifiol 'Dover Beach' y mae Matthew Arnold yn darlunio ffydd fel môr ar drai. Ond anghofiodd Arnold bod llanw yn hanes y môr yn ogystal â thrai.

4. Yn y diweddglo i'w lyfr y mae Wilson yn cyfeirio at rai o Gristionogion gloyw ein cyfnod ni (mae'n ychwanegu enwau Martin Luther King a Trevor Huddleston at y rhestr uchod) fel pobl yr ugeinfed ganrif a welodd yn dda i ymwrthod ag anffyddiaeth y bedwaredd ganrif ar bymtheg. 'Gosodasant hwythau eu ffydd yn yr Un a ddywedodd, "Bûm farw, ac wele, yr wyf yn fyw yn oes oesoedd".'

Gwylied y sawl sy'n cyhoeddi'n rhwydd fod Duw wedi marw, ac sy'n mynd ati ar ei union i drefnu'r angladd. Yr oedd Cernyw yn gywir: 'Mae'r gelyn yn gry' – ond cryfach yw Duw'.

Yn ddiweddar disgrifiodd Tony Benn gyfaill iddo yn nhermau *lapsed atheist*, gan awgrymu mai hynny, o bosibl, yw ei safbwynt yntau ei hunan erbyn hyn. Ar hyd y blynyddoedd bu'r cyfaill yn taeru nad yw Duw yn bod, ond fe wêl yn awr bod dyn, yn ei hanfod, yn fod ysbrydol, a bod ysbrydolrwydd, a dyhead am y tragwyddol, yn rhan gynhenid o'i gyfansoddiad. Sut, felly, y mae egluro hynny – heb Dduw?

Ffydd ac Argyfwng

Nodweddir y cyfnod modern gan gymhlethdod dyrys.
I ba gyfeiriad bynnag yr edrychir – yn wleidyddol,
yn gymdeithasol, yn grefyddol – yr hyn a welir yw
sefyllfaoedd astrus, a'r rheiny wedi eu creu gan nifer
o wahanol ffactorau yn ymblethu yn ei gilydd.
Mewn hinsawdd o'r fath rhaid gochel y demtasiwn i
roi atebion syml i gwestiynau anodd.

Afraid dweud bod sefyllfa'r eglwysi yn y Gymru
hon yn anghyffredin o ddyrys. Nid un rheswm sydd i
gyfrif am y dirywiad erch a ddigwyddodd yn hanes
crefydd gyfundrefnol yn ystod y degawdau olaf hyn,
ond nifer fawr ohonynt, a phob un, yn ei dro, yn
dwysáu'r argyfwng ac yn ychwanegu at y gwewyr.
Wele un ymgais i restru achosion yr argyfwng cred a
wreiddiodd mor ddwfn yn ein hymwybyddiaeth a'n
profiad: beirniadaeth Feiblaidd (a danseiliodd yr hen
gred fod y Beibl drwyddo draw yn Air anffaeledig
Duw); damcaniaeth Darwin am esblygiad ffurfiau
bywyd ar wyneb y blaned; llacrwydd mewn
disgyblaeth eglwysig; uniongrededd marw; pietistiaeth
arallfydol; rhagrith crefyddol; parchusrwydd dosbarth
canol llawer o'r sefydliadau crefyddol; amharod-
rwydd i ymuniaethu â brwydr y dosbarth gweithiol
am gyfiawnder; a hyd yn oed mania pêl-droed! Ac
yn union wedi iddo nodi'r rhesymau uchod â'r

awdur yn ei flaen i'n rhybuddio rhag gorsymleiddio sefyllfa 'sydd â'i chymhlethdod yn ddigon i'n drysu, a'i dylanwad yn hollgynhwysfawr'.

Dadansoddiad yw hwn a gynhwysir ar ddechrau cyfrol ddiweddar Dr Densil Morgan, *The Span of the Cross*, sy'n astudiaeth feirniadol o'r grefydd Gristionogol a chymdeithas yng Nghymru, 1914–2000. Y tu ôl iddi, yn amlwg ddigon, y mae gwaith ymchwil trylwyr a gofalus, ac nid y lleiaf o'i rhinweddau yw'r ffaith iddi gael ei hysgrifennu mewn Saesneg gloyw a darllenadwy. Eisoes gwnaeth yr Adran Diwinyddiaeth ac Astudiaethau Crefydd ym Mangor gyfraniad sylweddol at ein dealltwriaeth o hanes crefydd yng Nghymru yn y cyfnod diweddar hwn, ac yr ydym yn drwm yn nyled ysgolheigion megis Dr Robert Pope, Dr Trystan Hughes a Dr Densil Morgan am rannu â ni o ffrwyth eu hastudiaethau.

Nid ar unwaith na thros nos, fel madarchen annisgwyl, y daeth y cyfnod modern i fod. Y mae iddo gefndir a hanes, ac y mae rhesymau eglur pam y cyraeddasom y sefyllfa yr ydym ynddi ar hyn o bryd. Heb inni ddadansoddi'r hyn a ddigwyddodd yn ystod yr ugeinfed ganrif ni fydd yn bosibl inni ddeall y sefyllfa fel ag y mae ar ddechrau'r unfed ganrif ar hugain. Ni ddeuwn i delerau â'r presennol heb inni ymgyfarwyddo â'r gorffennol. Dyma gymwynas Dr Morgan. Rhoes yn ein dwylo yr offer angenrheidiol i ymgynefino â doe ac i weld yn gliriach y modd y creodd y doe hwnnw yr heddiw yr ydym yn awr yn rhan ohono. Gosododd dasg anferth iddo'i hun, ond llwyddodd yn rhyfeddol i'n dwyn yn ddiogel i ben y siwrnai. Cytunwn yn frwd â sylwadau un adolygydd: 'Ni fydd cytundeb yn ddiau ar bob un o'i ddyfarniadau, ond y mae ei farnu'n gytbwys yn ogystal â miniog, a thrwy'r cwbl ceir dealltwriaeth ac empathi'. (Gweler *Bwletin y Coleg Gwyn*, Haf 2000).

Pan fo'r sefyllfa'n ddyrys y mae tyndra yn anorfod. Y mae gwrthdaro heddiw rhwng ceidwadaeth a rhyddfrydiaeth; enwadaeth ac eciwmeniaeth; rhwng y duedd i gefnogi awdurdod gwladol a chenedlaethol a'r parodrwydd i wrthsefyll yr awdurdod hwnnw, ar dir cydwybod, yn arbennig yn wyneb anghyfiawnder a rhyfel. Fe'n galluogir gan gyfrol Densil Morgan i weld yn gliriach yr hyn a arweiniodd at y tensiynau presennol. Cymeriadau tra gwahanol i'w gilydd oedd ffwndamentalwyr megis R. B. Jones, Porth, a rhyddfrydwyr megis Gwili, Miall Edwards a Tom Nefyn. Ar gwestiwn rhyfel a heddychiaeth roedd cyfandir o wahaniaeth rhwng John Williams, Brynsiencyn, a John Puleston Jones. Ac o safbwynt undod eglwysig prin oedd y tir cyffredin rhwng Saunders Lewis ac Erastus Jones. Eithr heb inni werthfawrogi safbwyntiau'r arweinwyr crefyddol hyn ni fydd yn bosibl inni fynd i'r afael ag argyfwng heddiw na her yfory. Dyma paham y cymeradwywn *The Span of the Cross* i bwy bynnag a fyn ddeall yn well y Gymru baganaidd, anghrediniol hon, a chyflwr yr eglwysi sydd megis ynysoedd dinod, diarwyddocâd, yng nghanol môr eang o anffyddiaeth a difaterwch. I bob gweinidog y mae'n ddarllen gorfodol. Ac y mae hyn hefyd i'w gofio, sef bod y sawl sy'n gwrthod dysgu gwersi o gamgymeriadau a methiannau hanes yn cael eu tynghedu, weithiau, i'w hailadrodd.

Ni chyffyrddodd unrhyw adran â'r darllenydd yn fwy na honno sy'n olrhain ymateb yr eglwysi i drychineb fawr Aberfan. Cyflawnodd gweinidog Zion, Cwm Merthyr, a gollodd ei fab ei hunan o dan y rwbel, weinidogaeth arwrol. Meddai'r Parchedig Kenneth Hayes ar y pryd, gan gyfeirio at ddewrder y trigolion, 'Yr ydym wedi darganfod mwy o ffydd guddiedig (*latent faith*) y tu allan i'r eglwys nag a fyddem wedi cydnabod o'r blaen'.

Tybed a oes ffydd debyg yn eiddo i bobl Cymru o hyd, ffydd a fydd yn brigo i'r wyneb ar adeg o argyfwng a thrallod? Os felly, nid yw'r sefyllfa'n gwbl anobeithiol. Er i'r pren grino, erys y gwreiddyn, ac ohono, ryw ddydd, fe dyf eto fywyd newydd.

Yr Adeiladau

Yn ei gerdd 'Church Going' y mae Philip Larkin yn codi cwestiwn tra amserol:

> . . . *wondering too,*
> *When churches fall completely out of use*
> *What shall we turn them into; if we shall keep*
> *A few cathedrals chronically on show,*
> *Their parchment, plate and pyx in locked cases,*
> *And let the rest rent-free to rain and sheep.*

Mae'r cwestiwn yn codi am ddau reswm amlwg. Yn gyntaf oherwydd y cefnu torfol ar grefydd gyfun-drefnol oddi ar yr Ail Ryfel Byd, ac yn ail, am fod gennym erbyn hyn lawer mwy o gapeli nag sydd angen. Ddechrau'r bedwaredd ganrif ar bymtheg roedd cynllun y capel Ymneilltuol Cymraeg yn syml a di-addurn, a nifer yr adeiladau yn weddol gyfyngedig. Erbyn canol y ganrif roedd adeiladu cysegrleoedd wedi troi'n gystadleuaeth, a chapeli o eiddo'r gwahanol enwadau yn cael eu codi o fewn tafliad carreg i'w gilydd. Dengys ystadegau'r cyfnod fod mwy o seddau yng nghapeli ambell gymuned nag a fu erioed o boblogaeth yn y dref neu'r pentref. Dyma'r bensaernïaeth yn awr yn dod yn un uchelgeisiol a chostus. Nid oedd y 'blychau sgwâr, afrosgo, trwm' yn gwneud y tro; roedd yn rhaid i'r adeiladau adlewyrchu'r ffaith fod Ymneilltuaeth yn ffynnu (yn faterol a thymhorol yn ogystal ag yn ysbrydol), ac yn llwyddo i ddenu mwy a mwy o selogion. Ac wrth gwrs ar adegau arbennig megis yr uchelwyliau pregethu, y cymanfaoedd canu a'r cyngherddau mawreddog, fe lwyddid i lenwi'r temlau.

Erbyn hyn daeth tro anhygoel ar fyd, a gwychder oes aur Ymneilltuaeth yn troi'n broblem gynyddol i'r gweddill ffyddlon yng nghyfnod y machlud. Rhwng 1982 a 1995 caewyd 743 o gapeli (Cymraeg a Saesneg) yng Nghymru – ffaith sydd, yn sicr, yn ein sobreiddio. Trowyd llawer o gapeli di-alw-amdanynt yn dai annedd, yn fflatiau, yn ganolfannau cymunedol, yn neuaddau cyngerdd, a hynny mewn modd digon chwaethus ac ystyriol. Nid hynny fu tynged pob un. Fe'u gwelir weithiau wedi eu troi yn neuaddau 'bingo', yn fodurdai, yn ysgolion dawns, yn dafarndai. Mae'n anodd iawn dod i delerau â'r ffaith fod capel wedi ei droi'n dafarn, yn enwedig os yw'r pulpud a'r adnodau a gerfiwyd mor gelfydd ar y mur yn dal yn eu lle. Mae'n well dymchwel yr adeilad yn gyfan gwbl na'i addasu i amcanion cwbl groes i'r hyn y bwriadwyd iddo fod, a'i weld yn destun dirmyg a sarhad.

Mewn rhai achosion mae modd sicrhau grantiau a chymorthdaliadau i adnewyddu ac addurno capeli. Wrth reswm, y mae cymorth o'r fath i'w groesawu, ond inni gofio nad cyfrifoldeb eglwys Iesu Grist yw gwarchod amgueddfeydd na chynnal a chadw adeiladau yn unig am eu bod o ddiddordeb pensaernïol. Oni ddaeth yn amser erbyn hyn inni roi ystyriaeth ofalus i nifer ac i gyflwr y capeli a'r festrïoedd yn ein cymunedau, a phenderfynu pa rai i'w cadw a pha rai i'w hepgor? Efallai mai'r cam doethaf mewn rhai sefyllfaoedd fyddai gwerthu pob un o'r capeli a chodi canolfan newydd, amlbwrpas, cydenwadol, modern. Ac na fyddwn sentimental yn hyn o orchwyl. Ni ddylai'r ffaith fod mynwent yng nghefn y capel, neu bod ein cyndadau wedi addoli yn y fangre ar hyd y blynyddoedd, ein rhwystro rhag dod i benderfyniad dewr a realistig ynglŷn â'r dyfodol. Ni ellir ond edmygu ymdrech lew y ffyddloniaid, mewn rhai achosion, i gadw'r adeiladau mewn cyflwr da a diddos; weithiau eu capel hwy yw'r unig le o addoliad yn y gymdogaeth, a byddai ei esgeuluso yn golygu amddifadu ardal gyfan o gartref ysbrydol. Fodd bynnag pan dry'r cyfan yn obsesiwn ynghylch brics a morter ac yn gapelyddiaeth diweledigaeth nid yw'n beth i'w gymeradwyo. Nid cynnal y gragen allanol yw ein priod waith, ond yn hytrach hyrwyddo addoliad a chenhadaeth, gan fod yn feini byw mewn eglwys fyw. Gwir y dywedodd David Coffey, Ysgrifennydd Cyffredinol Undeb Bedyddwyr Prydain Fawr: 'Nid yw adeiladau'n gysegredig; os na wasanaethant amcanion Duw, rhaid cwestiynu eu bodolaeth'. Nid meistr mo'r capel ond gwas; cyfrwng, a dim mwy na chyfrwng, i'r eglwys gyflawni ei gweinidogaeth.

Y mae Larkin yn terfynu ei gerdd ar nodyn proffwydol. Beth ddaw i olynu oes ffydd a chrediniaeth? Ym marn y bardd fe'i dilynir gan gyfnod o ofergoeliaeth ac anghrediniaeth, ac y mae arwyddion cwbl eglur fod hynny eisoes wedi digwydd. Ond beth ddaw wedyn?

But superstition, like belief, must die,
And what remains when disbelief has gone?

Beth ddigwydd pan ddaw oes anghrediniaeth i'w therfyn? A fydd gwaddol ysbrydol yn aros? Onid ein cyfrifoldeb yn y Gymru hon yw gwneud popeth yn ein gallu i sicrhau'r gwaddol hwn i'r dyfodol? Beth a drosglwyddwn i'n plant ac i blant ein plant? Ai'r baich o gynnal adeiladau hynafol, anymarferol, a chyfundrefnau amherthnasol, ynteu ffydd fyw, feiddgar a herfeiddiol? O bob cwestiwn sy'n hawlio'n sylw y dwthwn hwn, y mae hwn, yn sicr, gyda'r pwysicaf.

Dehongli'r Ffydd

Yn 1799, pan oedd y bedwaredd ganrif ar bymtheg ar fin gwawrio, cyhoeddodd Friedrich Schleiermacher, a ystyrir gan lawer yn dad diwinyddiaeth fodern, lyfr tra dylanwadol yn dwyn y teitl *Crefydd: Areithiau i'w Dirmygwyr Diwylliedig*. Yr oedd pwyslais yr oes ar reswm a deall, a bwriad Schleiermacher oedd dehongli'r ffydd Gristionogol mewn modd a fyddai'n ei gwneud hi'n bosibl i rywrai 'diwylliedig', sef y sawl a oedd wedi cefnu ar y Ffydd am na fedrent gydsynio â'r dehongliad confensiynol ohoni, ailafael ynddi drachefn.

Ni ddiflannodd o'r tir y math ar gynulleidfa yr anelodd Schleiermacher ei *apologia* ati yn ei ddydd. A ninnau'n fwy na pharod i gystwyo'r sawl a gefnodd ar grefydd a chapel, y mae perygl yn aml inni anghofio fod a wnelo eu gwrthgiliad, mewn nifer fawr o achosion, â methiant i gysoni rhwng y profiad cyfoes o realiti a llawer o'r hyn y parheir i'w gyffesu a'i gyflwyno yng nghredoau'r eglwys. Gwyddom fod tuedd mewn rhywrai i adael i'r lli eu cario'n ddiymdrech; gan fod difaterwch yn un o briod nodweddion yr oes, a chan fod crefydd yn amhoblogaidd, y peth rhwyddaf yn y byd yw iddynt gydymffurfio â'r ffasiwn a throi oddi ar lwybrau ffydd. Ond nid yw hyn yn wir am bawb. Y mae

139

llawer yn y Gymru hon sy'n methu'n lân â derbyn y dehongliad o'r Ffydd fel y trosglwyddir hi mewn termau arallfydol ac anwyddonol, gan y byddai hyn yn gyfysytr â gwadu eu integriti meddyliol a moesol.

Wrth gwrs i rywrai yr ateb yw glynu'n ddiymollwng wrth y dogmáu uniongred a'r ystrydebau traddodiadol, ac ar un olwg y mae'n ddigon hawdd deall eu safbwynt. Wedi'r cyfan, onid yr hyn yw ceidwadaeth ddigyfaddawd yn y bôn yw adwaith i'r trai ysbrydol, y diffyg argyhoeddiad a'r ansicrwydd ynghylch sylfeini'r Ffydd sydd mor gyffredin yn y Gymru gyfoes ac sy'n golygu nad oes ond 8% o'n pobl, bellach, yn addolwyr cyson. Y perygl mawr mewn mabwysiadu safbwynt o'r fath yw haeru mai'r dehongliad traddodiadol yw'r unig ddehongliad cywir a dilys o'r hyn yw Cristionogaeth, a bod yn anoddefgar tuag at y rhai sydd o berswâd gwahanol. Nac anghofiwn fod nifer sylweddol o bobl y dyddiau hyn, fel yng nghyfnod Schleiermacher, sy'n methu'n deg â dygymod â'r safbwynt ffwndamentalaidd, ac sy'n chwilio am ffordd arall o fynegi eu ffydd. Er enghraifft, diddorol oedd darllen yn rhifyn Medi/ Hydref 2000 o *Cristion* fod y bardd Grahame Davies, sy'n Gristion o argyhoeddiad ac sy'n aelod ymroddgar yn Eglwys Dewi Sant, Caerdydd (ar ôl treulio cyfnod hir mewn eglwys Anglicanaidd garismataidd ym Merthyr), yn disgrifio'i safbwynt fel un 'ôl-efengylaidd'.

Beth a wna'r eglwys â'r dosbarth cynyddol hwn o bobl sy'n ymholi a chwestiynu? Eu collfarnu? Eu diarddel? Eu cyhuddo o heresi ac anffyddiaeth? Neu a yw am geisio cyflwyno'r Efengyl iddynt mewn termau sy'n fwy cydnaws â'u meddylfryd a'u hanianawd, gan ddilyn, yn hyn o orchwyl, esiampl loyw Schleiermacher a'r Apolegwyr cynnar, a neb llai nag awdur y Bedwaredd Efengyl? Hyn fu'r cymhelliad i Pryderi Llwyd Jones, gweinidog gyda'r Presbyteriaid yn Aberystwyth, a llais cyfarwydd ar Radio Cymru, gyhoeddi ei lyfr diweddaraf, *Iesu'r Iddew a Chymru 2000*, a'i anelu 'nid at y ffyddloniaid na'r rhai sydd â diddordeb yn y gorffennol crefyddol, ond at y nifer gynyddol o Gymry Cymraeg diwylliedig sydd eisoes wedi troi cefn ar yr eglwysi'. Nid dadansoddi'r argyfwng yw bwriad yr awdur (oni wnaed hynny hyd at syrffed?), ond 'cyflwyno her a sialens efengyl Iesu'r Iddew i'r Gymru newydd'. Ni ellir ond diolch yn ddidwyll iddo am ymgymryd â'r dasg, a'i longyfarch yn galonnog ar ei ymdriniaeth onest a goleuedig.

Nid nad oes angen gair o rybudd i unrhyw ddarpar ddarllenydd, gan fod yn y gyfrol, ys dywed Dr Meredydd Evans yn ei air o gyflwyniad, 'bowdwr ffrwydrol'. Eithr onid hyn sydd ei angen ar yr Eglwys heddiw – ffrwydriad syniadol a fydd yn ei deffro o'i chysgadrwydd athrawiaethol a'i thraddodiadaeth gyffyrddus, ac a fydd yn ei gorfodi i gyfathrebu'r Ffydd mewn modd a fydd yn ystyrlawn i'r oes sydd ohoni? O'i chyferbynnu â'r her sylfaenol a chwbl angenrheidiol hon, nid yw'r ymgais bresennol i uno'r enwadau, a'r holl ymgecru sy'n digwydd yn sgil hynny, ond megis chwarae plant. Yr ydym yn ffidlera tra bo Rhufain yn llosgi!

Ar dudalennau'r *Seren* yn ddiweddar bu mwy nag un yn mynegi'r dyhead am ddeffroad ysbrydol, tebyg i'r hyn a brofwyd yng Nghymru yn 1904–05. Does neb a wâd bod angen heddiw am adnewyddiad, ond byddwn wyliadwrus. Er i ddiwygiad 1904–05 adael ei ôl yn annileadwy ar galonnau llawer iawn o unigolion (ac fe gawsom yr hyfrydwch o glywed rhai ohonynt yn rhannu eu profiad mewn Cwrdd Gweddi a Chyfeillach), byr iawn fu parhad y diwygiad hwnnw. Yr oedd ynddo orbwyslais ar deimladrwydd ac emosiwn; yr oedd ei gynnwys deallusol yn brin ac yn aml yn arwynebol; ac ni wnaeth unrhyw gyfraniad o bwys at ddatblygiad diwinyddol yr eglwys. Mewn difrif, ai hynny sydd ei angen arnom heddiw? Wrth gwrs y mae'n rhaid wrth wres a chynhesrwydd, ond y mae hefyd wir angen am oleuni. Yr hyn a wna cyfrol Pryderi Llwyd Jones yw ein gorfodi i feddwl, i resymu ac i gwestiynu, a thrwy hynny, gobeithio, loywi a chyfoesi ein ffydd. Oherwydd hyn ni ellir ond ei chymeradwyo'n frwd, ac annog ein pobl i ystyried ei chynnwys yn ofalus.

Dialog Rhyng-Grefyddol

Da oedd derbyn gwahoddiad gan Lywyddiaeth Cytûn i gyfarfod (yn City Church, Caerdydd, ar ddydd Llun, 28 Ionawr) â'r Cardinal Francis Arinze, un o arweinwyr yr eglwys yn Nigeria, Llywydd Cyngor Dialog Rhyng-Grefyddol y Fatican (gŵr y cyfeirir ato mewn rhai cylchoedd fel darpar Bab – pe deuai hynny i fod, ef fyddai'r gŵr croenddu cyntaf i'w ethol i'r swydd), yntau'n agor trafodaeth ar y testun, 'Ymateb y Byd Cristnogol i'r Byd Moslemaidd'. A bod yn fanwl gywir, yr hyn a wnaeth y siaradwr oedd annerch ar y berthynas rhwng yr amrywiol gymunedau ffydd â'i gilydd.

Ar y dechrau'n deg tanlinellwyd y ffaith nad rhywbeth dewisol, ymylol mo'r dasg o gynnal dialog â deiliaid y crefyddau eraill. Yn hytrach y mae'n orfodol ac anhepgor, ac o'r pwys mwyaf yn y byd sydd ohoni, yn enwedig yng ngoleuni trychineb 11 Medi 2001. Gall yr ymgom ddigwydd mewn pedair ffordd, sef: (i) wrth i bobl gyffredin ymwneud â'i gilydd fel rhan o gyfathrach bywyd pob dydd; (ii) wrth i bobl o gefndiroedd crefyddol gwahanol gydweithio ar brosiect arbennig, megis codi arian i ysbyty lleol, neu lansio busnes cydweithredol; (iii) wrth i rywrai ddewis, yn benodol, i rannu profiadau crefyddol: mynaich Cristnogol a Bwdïaidd yn treulio cyfnodau ym mynachlogydd ei gilydd, efallai; (iv) wrth i ddiwinyddion gyfnewid syniadau – a'r drafodaeth, felly, yn fwy ffurfiol a phroffesiynol ei naws.

Pam y dylai Cristionogion ymddiddori mewn dialog o'r fath? Am ddau reswm: (1) yn gymdeithasol, er mwyn i'r tensiynau a'r gwrthdrawiadau presennol droi yn gytgord a chyd-ddeall. Y mae hefyd yn fodd i roi taw ar y sawl sy'n camddefnyddio ('herwgipio' oedd gair y siaradwr) crefydd er hyrwyddo eu hachos hunanol a bygythiol eu hunain. (Wele frawddeg dda yn y Gwasanaeth Bore ar Radio 4 yn ddiweddar: *'Religion forms me; informs me; reforms me; and sometimes deforms me'* – ac y mae digon o enghreifftiau cyfredol o'r pedwerydd dylanwad yn ein byd trwblus. Mynnai Cardinal Arinze fod cyflawni trais yn enw crefydd yn gyfystyr â chabledd, ac yn gwbl groes i'r hyn y saif crefydd drosto. Onid yw pob traddodiad crefyddol yn dysgu'r rheol aur y dylid ymddwyn at eraill yn yr un modd ag y disgwylir i eraill ymddwyn tuag atom ni?

Yna (2) yn ddiwinyddol, oherwydd y gred sylfaenol mai'r un a'r unig Dduw yw crëwr pob bod dynol. Nid dros Gristionogion yn unig y bu Crist farw, ond yn hytrach dros bawb o bobl y byd – yn Hindŵaid, Siciaid, Iddewon, Bwdyddion, Moslemiaid, Pabyddion, Prostestaniaid, a'r rhai di-ffydd. Wrth gynnal trafodaeth ag Indiad neu Arab, Tsieinead neu Affricanwr, deuwn wyneb yn wyneb ag un o blant Duw, ein Tad Nefol.

Rhaid ystyried goblygiadau hyn i genhadaeth yr eglwys:

1. Er mwyn cyflwyno'r Efengyl yn ystyrlawn ac effeithiol, rhaid i'r eglwys ymgyfarwyddo â chefndir diwylliannol ac ysbrydol y sawl y mae'n cyfathrebu â hwy. Nid mewn gwactod y cyflwynir yr Efengyl.

2. Nid yw cyfrannu i ddialog yn gyfystyr â chyfaddawd. Y sawl sy'n argyhoeddedig ynghylch ei grefydd ei hunan yw'r llysgennad gorau mewn trafodaethau aml-ffydd. Bydd yntau, fel arfer, yn barotach na neb i wrando ar safbwyntiau eraill. Meddai'r siaradwr: 'Fedrwch chi rannu dim os nad oes gennych ddim i'w rannu yn y lle cyntaf'. Un o'r amodau pwysicaf ynglŷn â chyfrannu'n ystyrlawn i unrhyw ddialog yw ein bod ninnau'n siŵr, i ddechrau, o'n safbwynt ein hunain.

3. Ceir llawer gormod o achosion yn y byd heddiw o rywrai'n ceisio gorfodi crefydd ar eraill – ac o ecsbloetio'r gwan a'r diamddiffyn yn enw ffydd ('Os trowch yn Gristion fe gewch waith'), arfer cwbl annerbyniol. Cymeradwyo'r ffydd a wna'r eglwys, nid ei gorfodi. Bydded yr eglwys ar flaen y frwydr i ddiogelu hawl pob unigolyn i ryddid crefyddol, a gwylied rhag iddi hi ei hunan fod yn euog o dreisio'r rhyddid hwnnw.

Beth, felly, yw gwaith yr eglwys – onid rhannu'r newyddion da, gyda phwyslais arbennig ar y 'da'? Beth bynnag fyddo daliadau eraill – a rhaid eu cydnabod a'u parchu – a beth bynnag fyddo'r ymateb, ni all yr eglwys beidio â chyhoeddi'r 'newyddion da o lawenydd mawr' a ddaeth i'n byd yn a thrwy ddyfodiad Iesu. Dyma'r comisiwn a roddwyd iddi gan ei Harglwydd.

Y llynedd trefnodd y Pab presennol i gynrychiol-wyr y prif grefyddau gyfarfod yn Asisi. Fe gofiwn i Ffransis wrthwynebu'r Croesgadau yn erbyn y Moslemiaid, ac iddo ddanfon rhai o'i ganlynwyr i wledydd Arabaidd er mwyn gwneud cyfeillion o'r brodorion. Bu'r cyfarfod, lle'r oedd 11 o ieithoedd gwahanol i'w clywed, yn un buddiol, a phobl o grefyddau gwahanol yn gallu trafod yn agored a di-ofn.

Pan gyhoeddodd Ysgrifennydd Cytûn, y Parchedig Gethin Abraham-Williams, ei bod yn fwriad i sefydlu Cyngor Aml-Ffydd yng Nghymru, fel sydd eisoes yn bod mewn llawer o wledydd, ymateb y Cardinal Arinze oedd, 'Ardderchog! Erbyn hyn y mae plwraliaeth crefyddol yn ffaith, leicio hynny neu beidio'. Ydi, y mae'n bod, ac ni thâl i ninnau anwybyddu hynny, na chynllunio'n cenhadaeth fel pe na bai'n bod.

Chwyldro

Ystyrir yr offeiriad a'r mathemategydd o wlad Pwyl, Nicolaus Copernicus (1473–1543) yn dad astronomeg fodern. Rhoddir iddo'r clod haeddiannol am fod y cyntaf i brofi nad yr haul a'r planedau sy'n troi o gwmpas y ddaear, ond taw'r ddaear, hithau, sy'n troi o gwmpas yr haul. Yr oedd eraill o'i flaen, er enghraifft, Aristarchus (a fu farw yn 230 C.C.), wedi dyfalu fod y bydysawd yn heliosentrig, ond ni roddwyd sylw difrifol i'r posibilrwydd hyd nes i waith Copernicus, *De Revolutionibus Orbium Coelestium* gael ei gyhoeddi yn 1543. Bu'r awdur yn petruso'n hir cyn gollwng y gwaith o'i ddwylo; nid yn unig yr oedd yn ymwybodol o wg a rhagfarn ei wrthwynebwyr, ond yr oedd yntau'n berffeithydd gochelgar, ac yr oedd yn awyddus iawn i ddiogelu cywirdeb ei fformiwlâu. Yn y diwedd fe'i cymhellwyd gan y Pab Clement VII i wneud ei ymchwil yn hysbys – ffaith ddigon annisgwyl o gofio am wrthwynebiad ffyrnig yr Eglwys Babyddol i'r darganfyddiadau newydd.

Yn anffodus, nid oedd rhai o'r diwinyddion Protestannaidd mor frwd eu cymeradwyaeth. Ofnent y byddai damcaniaeth Copernicus yn camarwain y Cristion cyffredin, gan ei gymell i gredu nad yw dyn, wedi'r cyfan, ond un rhan o'r drefn naturiol, yn hytrach nag uchafbwynt y greadigaeth. Mae diorseddu dyn o'r canol bob amser yn ergyd drom i'w falchder! Daeth llawysgrif Copernicus i law y diwinydd Lutheraidd, Andreas Osiander, a aeth ati, gyda'r bwriad o geisio dofi llid y daearganologwyr, i newid a chywiro nifer o gasgliadau Copernicus, heb ganiatâd yr awdur, a oedd erbyn hyn yn ddyn sâl, ac ochr dde ei gorff wedi ei pharlysu. Ysgrifennodd Osiander y gair 'Damcaniaeth' ar draws y dudalen flaen. Derbyniodd Copernicus gopi o'r gwaith argraffedig tra'n gorwedd ar ei wely angau yn Frauenberg, heb fod yn ymwybodol o addasiadau Osiander. Y canlyniad oedd i'w waith gael ei anwybyddu, i raddau pell, am ganrif a mwy, hyd nes i rai o fathemategwyr mawr yr ail ganrif ar bymtheg – Galileo Galilei, a wysiwyd yn 1633 gerbron y Chwilys yn Rhufain ar gyhuddiad o heresi, a lle y sibrydodd yn dawel, mae'n debyg, *Eppur si mouve*, 'Ac eto mae'n symud', hynny yw, y ddaear; Johannes Kepler ac Isaac Newton – gadarnhau'r ffaith ein bod yn rhan o fydysawd heulganolog, a dyna'r Chwyldro Copernicaidd yn dod i rym mewn gwirionedd.

Ddeugain mlynedd yn ôl i'r mis hwn, sef ym Mawrth, 1963, cyhoeddodd Gwasg SCM lyfr clawr papur, 144 tudalen, yn dwyn y teitl *Honest to God*. Bu hwn hefyd yn achos chwyldro, a dadlau chwyrn. Yn ôl *The Guardian* dyma, o bosibl, y gwaith diwinyddol y bu'r mwyaf o drafod arno yn ystod y ganrif ar ei hyd. Nid oedd yr awdur, Dr John A. T. Robinson, Esgob Woolwich ar y pryd, yn dweud dim byd newydd; yr oedd yntau hefyd, megis Copernicus, yn sefyll ar ysgwyddau rhai o'i ragflaenwyr yn y maes. Yr oedd ôl syniadau Paul Tillich yn drwm ar y gyfrol, yn enwedig ei diffiniad o Dduw fel 'gwreiddyn bod'. (Daw cwpled Waldo yn syth i'r meddwl: 'Nid oes yng ngwreiddyn Bod un wywedigaeth/Yno mae'n rhuddin yn parhau'.) Cwestiwn canolog y llyfr yw: sut y gallwn, bellach, yng ngoleuni darganfyddiad Copernicus a'i debyg, synio mewn modd ystyrlawn a pherthnasol am Dduw? Meddai Robinson: 'Credaf fod y delweddau traddodiadol ond yn llwyddo i bellháu Duw oddi wrth filiynau o bobl heddiw,' a thrachefn: 'Dymunaf ar i Dduw fod mor real i'n byd seciwlar, gwyddonol ni, ag yr oedd i oesoedd ffydd'. A yw'n ystyrlon erbyn hyn i sôn am Dduw fel gwrthrych sydd i *fyny* neu *allan* yno? Yn wir a yw'n gywir synio amdano o gwbl yn nhermau gwrthrych, gan nad gwrthrych mohono ond un na all fod yn ddim ond goddrych. A ellir sôn am Iesu'n *dod i lawr* o'r nefoedd ac yn *mynd i fyny yno* drachefn? Onid gwell, meddai Tillich, ac y mae Robinson yn ei ddilyn, yw synio am Dduw fel 'gwreiddyn ein bodolaeth'? Nid bod yw Duw, yn bodoli ymysg creaduriaid eraill, ond 'Bodolaeth ei hun'. Rhaid treiddio, felly, drwy'r fytholeg draddodiadol, cyn-Gopernicaidd, ac ailddiffinio Duw mewn termau sy'n ddealladwy i'r dyn cyfoes. Onid hyn oedd y tu ôl i apêl Dietrich Bonhoeffer am ddealltwriaeth anghrefyddol (*non-religious*) o Dduw?

Y gwir amdani yw bod Duw, pa derminoleg bynnag a ddefnyddir i geisio'i ddiffinio, yn parhau'n ddirgelwch. Nid yw dweud hynny, wrth gwrs, yn ein hesgusodi rhag y cyfrifoldeb o ymwrthod â syniadau amrwd, afresymol, plentynnaidd amdano. I'r Cristion, y fan lle y 'gwelir' Duw yw yn Iesu, ac nid oes gan Robinson unrhyw amheuaeth ynghylch hynny. Meddai am Iesu: 'Yr oedd yma un mwy na dyn cyffredin; yr oedd ef yn ffenestr at Dduw ar waith'. Ac ar ddiwedd y dydd rhaid bodloni ar hynny, oherwydd pwy, wedi'r cyfan, o feidrolion y ddaear a all blymio i ddyfnderoedd y Duwdod? 'O ddyfnder cyfoeth Duw, a'i ddoethineb a'i wybodaeth! Mor anchwiliadwy ei farnedigaethau, mor anolrheiniadwy ei ffyrdd!' (Rhuf. 11: 33). Medd Dr David Jenkins (esgob arall a fu'n cyffroi tipyn ar y dyfroedd, a phob copi o'i hunangofiant diweddar, *The Calling of a Cuckoo*, wedi ei werthu mewn byr amser, fel yr argraffiad cyntaf o *Honest to God*): 'Credaf yn Nuw, a'i fod fel ag y mae yn Iesu. Iesu yw'r allwedd i'n dirnadaeth o Dduw'.

Yr hyn a wnaeth John Robinson oedd agor cil y drws, ysgogi trafodaeth, ein hannog i fod yn onest ynghylch ein trafferthion cred ac i barhau i chwilio am oleuni. Hwyrach na fodlonwyd pawb gan ei atebion, ond yr hyn sy'n aros, a'r hyn na ellir ei osgoi, yw'r cwestiynau a gododd. Wedi'r cyfan y mae pawb ohonom, leicio hynny ai peidio, yn blant y chwyldro Copernicaidd.

Lleisiau Cymhedrol

Yn rhifyn 1 Mawrth o'r cylchgrawn *The Week* cyhoeddwyd *apologia* o blaid Islam gan arweinydd Senedd Foslemaidd Prydain, sef Dr G. Siddiqui. Mynega yntau ei ofid am i'r grefydd a fu unwaith, yn ei hanfod, yn ddyngar a gwâr, gael ei throi erbyn hyn yn gredo haearnaidd a gormesol. Mae'n olrhain y dirywiad yn ôl i'r cyfnod hwnnw yn yr unfed ganrif ar ddeg pan gytunodd nifer o ddysgedigion y grefydd y dylid cau'r drws ar bob ymresymu ymenyddol a goleuedig a dychwelyd at gynseiliau, digon annodweddiadol o'r grefydd wreiddiol, a osodwyd i lawr gan rai o'r tadau, ganrifoedd ynghynt. Canlyniad hyn yn y pendraw oedd i Foslemiaid y bedwaredd ganrif ar bymtheg fethu â dirnad arwyddocâd y datblygiadau newydd mewn gwyddoniaeth, athroniaeth a gwleidyddiaeth, ac i'r grefydd, o'r herwydd, gael ei ffosileiddio. Gwrthod-wyd pob datblygiad newydd a chyfoes, ac aethpwyd yn gaeth i draddodiadaeth gaethiwus a oedd yn gwbl amherthnasol i'r byd newydd a oedd yn dechrau blodeuo yn Ewrop ac America.

Ym mharagraff clo ei lythyr myn Dr Siddiqui i'r hyn a ddigwyddodd ar 11 Medi fod yn ysgytwad dwfn i'r mwyafrif o bobl feddylgar oddi mewn i'r gymuned Foslemaidd. Iddynt hwy does dim amdani yn awr ond ymwrthod yn gyhoeddus â'r ffwndamentaliaeth gibddall, a thra phwerus a pheryglus, a'i hamlygodd ei hun yn rhengoedd Islam, hynny er mwyn adfer y grefydd rhag iddi gael ei hynysu a'i chondemnio unwaith ac am byth yng ngolwg gweddill y byd. Yn y fan hon, medd Dr Siddiqui, y gorwedd yr her fawr i ysgolheigion Islamaidd ein dydd. Rhaid iddynt arwain mudiad deallusol, dyngarol newydd, er mwyn achub Islam rhag y gwallgofrwydd crefyddol a gwleidyddol a'i nodwedda ar hyn o bryd, a'i gwneud drachefn yn offeryn cyfiawnder a brawdgarwch.

Yr un casgliad, fwy neu lai, y deuir iddo gan Bernard Lewis, un o'r mwyaf adnabyddus o ysgolheigion y Gorllewin sy'n arbenigo ar Islam, yn ei ddwy gyfrol ddiweddar, *What Went Wrong?* a *Holy War and Unholy Terror*. Y mae yntau'n gresynu am y modd yr aeth un o grefyddau mawr y byd – crefydd a roes urddas ac ystyr i filiynau o fywydau tlodaidd ac anniddorol, a fu'n gefn i un o wareiddiadau mawr hanes, ac a ysbrydolodd ddyfeisgarwch a chreadigedd o'r radd flaenaf (does ond rhaid edrych ar bensaernïaeth y mosg, ac ystyried cyfraniad Islam i fathemateg) – yn gaethwas i annoddefgarwch a hunan-gyfiawnder. Dyma, yn sicr, un o drasiedïau mawr y byd modern, ac y mae pawb ohonom erbyn hyn wedi dechrau talu'r pris.

Eithr na feddylied neb fod culni ffwndamentalaidd yn gyfyngedig i wledydd y Dwyrain Canol. Un o'r rhaglenni mwyaf dadlennol a ddarllenwyd dros gyfnod y rhyfel yn erbyn Irac oedd rhifyn nos Sadwrn o *Newsnight*, a Jeremy Paxman yn holi tri Americanwr dylanwadol oedd â'u hagwedd tuag at y gyflafan yn rhanedig, a dweud y lleiaf. Tra roedd un o'r panel yn gefnogol i Bush a Rumsfeld, nid felly ei gydsiaradwyr. Mynegai un o'r rheiny ei bryder cynyddol am fod rhai o hebogiaid y Tŷ Gwyn, gan gynnwys yr arlywydd, yn drwm o dan ddylanwad dehongliadau llythrennol, *pro*-Americanaidd, o apocalyptiaeth feiblaidd, a'u bod yn cyfiawnhau eu penderfyniad i ymosod yn filwrol ar Irac ar sail cynnwys ambell adnod yn Llyfr Datguddiad. Fe'u hargyhoeddwyd eu bod ym ymladd ar ochr Duw yn erbyn cynghreiriaid y Diafol, bod y rhyfel yn un cyfiawn, a bod Arglwydd y lluoedd o'u plaid. Ymddengys mai yr un yw eithafiaeth ym mhob man, ym mha ddiwyg bynnag y gwisgir hi.

Da meddwl i leisiau mwy cymhedrol gael eu clywed yn ystod y terfysg. Cyhoeddodd y *Guardian* lythyr gan bum Americanwr (Jim Wallis, Cyfarwyddwyr a Phrif Olygydd *Sojourners*; John Bryson Chane, Esgob Washington, D.C.; Clifton Kirkpatrick, Ysgrifennydd Cyffredinol Eglwys Bresbyteraidd UDA; Melvin Talbert, Swyddog Eciwmenaidd Cyngor Unedig yr Esgobion Methodistaidd; a Daniel Weiss, Cyn-Ysgrifennydd Cyffredinol Eglwysi Bedyddwyr America), yn galw ar Brif Weinidog Prydain, hynny ar yr unfed awr ar ddeg, i ddwyn perswâd ar George Bush i geisio amgenach ffyrdd na ffordd rhyfel i ddelio â Saddam

Hussein. Yn dilyn llofnod y pump a enwyd uchod, ychwanegir y cymal hwn: '*together with millions of concerned Americans*'.

Beth bynnag yr ideoleg, pa ysgrythurau bynnag a ddefnyddir (ac a gamddefnyddir) i geisio cyfiawnhau rhyfel a thrais, erys y ffaith fod prif bwyslais y Testament Newydd a'r Cwrân, fel ei gilydd, ar gariad tuag at Dduw a chyd-ddyn, ac ar ymarfer goddefgarwch a thosturi. Os ŷm am osgoi gwae y dilyw tân, a chamu yn ôl o ddibyn gwallgofrwydd hunan-ddinistriol, dyma'r rhinweddau y mae'n rhaid inni eu hailddarganfod ar frys, a gweithredu yn eu sgil.

Cân y Gwcw

Y llynedd cyhoeddwyd hunangofiant ('nad yw'n hunangofiant yn hollol') Dr David Jenkins, cyn Esgob Durham, ac un a lwyddodd, lawer tro, i gynhyrfu'r dyfroedd diwinyddol. Yn wir, pan ddisgynnodd mellten ar do cadeirlan Efrog ar y Sul yn dilyn ei wasanaeth gorseddu yno yng Ngorffennaf, 1984, dehonglwyd y digwyddiad gan y mwyaf eithafol o'i feirniaid yn nhermau barn Duw yn disgyn ar yr anuniongred! Teitl ei gyfrol ddiweddaraf yw *The Calling of a Cuckoo*, ymadrodd a briodolir yn wreiddiol i'r Fonesig Thatcher wrth iddi annerch Cyngor Canolog y Ceidwadwyr yn Newcastle ym Mawrth, 1985, a chyfeirio at rai datganiadau 'amheus' a wnaed gan rai o breladiaid Eglwys Loegr, a Dr Jenkins yn bennaf yn eu plith. 'Ni chwynaf ynghylch hynny,' meddai Mrs Thatcher, 'wedi'r cyfan, ni fyddai'n wanwyn heb inni glywed cân y gwcw.' O ran yr ysgrifennu y mae'r arddull yn symlach nag y bu: llai o'r brawddegau cwmpasog a'r gosodiadau niwlog a fu mor nodweddiadol o'r awdur yn y gorffennol, a'r cynnwys yn dangos ôl profiad hir flynyddoedd fel arweinydd a diwinydd. Dyma roi ystyriaeth i bedwar o argymhellion y gyfrol a all fod o gymorth i ninnau, gobeithio – yn bersonol, fel eglwysi, ac fel enwad – wrth inni wynebu her ein cyfnod:

1. Pam fod yn rhaid inni ddadlau ac anghytuno â'n gilydd pryd y dylem fod yn trafod ac yn archwilio? Onid pererinion ydym, a'n hymdaith yn aml yn un drafferthus a llawn peryglon? Y mae holi a chwestiynu, chwilota ac ymchwilio – nid fel rhai sydd eisoes wedi cyrraedd y nod, ond sydd, yn hytrach, yn 'anghofio'r hyn sydd o'r tu cefn ac ymestyn yn daer at yr hyn sydd o'r tu blaen' (Philipiaid 3:13,14) – yn elfennau hanfodol yn neinameg unrhyw ffydd fyw. Marw yw'r ffydd honno nad oes marc cwestiwn yn ei chanol.

2. Oni ddylem gydnabod yn agored nad oes gan neb ohonom fonopoli ar y gwirionedd am Dduw? Mae'n gywir dweud ein bod ninnau'n eiddo Duw, ond cwbl anghywir yw haeru bod Duw yn eiddom ninnau. Yn 1870 gwnaeth Eglwys Rufain y camgymeriad trychinebus o gyhoeddi bod ganddi awdurdod anffaeledig, ond prin y gall neb hawlio hynny. Oherwydd 'amherffaith yw ein gwybod'; 'gweld mewn drych yr ydym, a hynny'n aneglur' (1 Cor. 13:9,12). Er i'r datguddiad o Dduw yng Nghrist fod yn gyflawn a gorffenedig, nid felly'r datguddiad o Grist. 'O ran' yr ydym yn ei adnabod; ni chawsom eto 'ei weled fel y mae'. Yr hyn sy'n ogoneddus, medd Dr Jenkins, yw'r ffaith na all neb ohonom bwyso ar ei gyfiawnder ei hunan; trwy ras y'n hachubir, a'r gras hwnnw'n

caniatáu inni berthyn i'r wir Eglwys er gwaethaf ein holl ddiffygion a'n cyfeiliorniadau mynych.

3. Onid yw perthyn yn bwysicach na chytuno? Medd yr awdur: 'Y mae arnom angen ein gilydd, ond nid yw'r un ohonom yn gywir ym mhob peth'. Athrylith yr Eglwys yw'r ffaith ei bod yn cynnwys oddi mewn i'w chymdeithas ystod tra eang o brofiad, dirnadaeth a gweledigaeth, gan lwyddo i gyfuno'r cyfan oddi mewn i'r *koinonia* Cristionogol. Y mae 'llawer o aelodau, a'r rheiny oll, er eu bod yn llawer, yn un corff' (1 Cor. 12:12). Nid peth i'w gollfarnu yw amrywiaeth barn a safbwynt o eiddo'r aelodau, ond rhywbeth i'w groesawu ac i ymfalchïo ynddo, gan gofio, er pob gwahaniaeth, ein bod yn un yng Nghrist. Felly y mae'n rheidrwydd arnom oddef ein gilydd mewn cariad, a chefnogi'n gilydd yn ein hymchwil gyffredin am y goleuni.

4. Pam fod yn rhaid inni fod ynghlwm wrth orffennol nad yw Duw, bellach, yn rhan ohono? 'Os yw'r datblygiadau diweddaraf mewn syniadaeth fodern, oddi ar o leiaf ganol yr ail ganrif ar bymtheg, i'w cymryd o ddifrif, yna fe'm hargyhoeddwyd,' medd Dr Jenkins, 'nad yw diffiniad y traddodiadwr o Dduw yn un y gellir, bellach, ei gyfiawnhau'. Symud ymlaen a wna Duw, tra'n bod ninnau'n aml wedi ein rhwydo gan draddodiadau a dogmâu nad oes iddynt berthnasedd ar gyfer heddiw ac yfory. 'Y mae'r Duw y cefais i gipolwg arno,' medd Dr Jenkins, 'yn

157

rhywun a ddaw i gyfarfod â ni yn y presennol, ac sydd â'i ogwydd tua'r dyfodol.'

Diffinia'r awdur ei safbwynt yn nhermau 'union-grededd rhyddfrydol'. Radical ydyw, a hynny oddi mewn i eglwys sydd â'i chredoau wedi eu crynhoi'n dwt mewn erthyglau ffydd trefnus a rhesymegol sy'n rhoi'r argraff iddynt fod yno o'r dechreuad ac y byddant yno, yn ddigyfnewid, am byth. Y cwestiwn mawr yw sut mae dehongli'r cyfryw gredoau ar gyfer yr oes bresennol? Dyma'r her a osododd Dr Jenkins iddo'i hun, fel addysgwr ac fel bugail eneidiau, ac er na fyddai pawb yn cytuno â'r casgliadau y daeth iddynt, ni ellir llai nag edmygu cywirdeb a beiddgarwch – heb sôn am ddisgleirdeb – ei feddwl.

Lle'r ŷm ninnau'n sefyll fel enwad erbyn hyn, ninnau, Fedyddwyr, sy'n medru olrhain ein tras yn ôl at adain chwith, radicalaidd y Diwygiad Protestannaidd ar gyfandir Ewrop? Bu amser yng Nghymru pan oedd aelodaeth o'n heglwysi, ein bwrdd cymun, a'n pulpud, yn gaeëdig, hynny yw, yn gyfyngedig i'r rhai a fedyddid trwy drochiad. I raddau pell, enillwyd y brwydrau hynny, a'n hagwedd yn awr tuag at y sacramentau ac at y sawl a wahoddir i arwain gwasanaeth yn llawer mwy agored a Christnogol. Does ond gobeithio bod ein meddyliau hefyd yn agored i dderbyn goleuni ac arweiniad yr Ysbryd wrth iddo dywys ei Eglwys ymlaen i'r yfory.

Y Calendr Eglwysig

Yr Adfent

Yn ôl calendr yr eglwys y mae'r flwyddyn eglwysig yn dechrau nid ar 1 Ionawr ond ar Sul cyntaf yr Adfent, ddiwedd Tachwedd, dechrau Rhagfyr. Un o amcanion y calendr yw tywys yr addolwr drwy'r gwyliau Cristionogol mawr, a'i gynorthwyo i baratoi'n feddylgar ac yn ddefosiynol ar eu cyfer, a'u dathlu'n ystyrlawn. Ac i'r Cristion nid pethau ffurfiol, allanol, yw'r gwyliau hyn ond dathliadau a dry yn rhan annatod o'i brofiad gan ei fod yn ewyllysio cael ei ail-eni gyda Christ (Y Nadolig); marw gyda Christ (Y Groglith); atgyfodi gyda Christ i fywyd newydd a gogoneddus (Y Pasg); a chael ei lenwi ag Ysbryd Crist (Y Sulgwyn).

Er mwyn ceisio deall y gwahaniaeth a wnaeth dyfodiad Crist i'n byd a'n bywyd rhaid ceisio dychmygu sut y byddai arnom pe bai Crist heb ddyfod yn y cnawd. Dyma un o ddibenion pwysig yr Adfent (gair a darddodd yn wreiddiol o'r Lladin *adventus*, sy'n golygu 'dyfodiad'), sef peri inni ofyn beth fyddai'n cyflwr a'n sefyllfa pe bai Crist heb ei eni? Er mwyn gwerthfawrogi disgleirdeb y goleuni a lewyrchodd ar ein daear yn, a thrwy, ddyfodiad Crist rhaid cyferbynnu rhwng y goleuni hwnnw a'r tywyllwch a oedd yn bodoli cyn ei ddyfod. Cyn y gellir ymateb yn llawen i ddisgleirdeb y wawr rhaid profi, yn gyntaf, dduwch y nos. Dyma pam y mae awdur y llythyr at yr Effesiaid yn tanlinellu'r gwahaniaeth sylfaenol rhwng y ddau gyfnod gwrthgyferbyniol ym mywyd y Cristion – 'gynt' ac 'yn awr' – gan ddarlunio sut yr oedd hi arnom cyn ymddangosiad y Gwaredwr: '. . . cofiwch eich bod yr amser hwnnw heb Grist, yn ddieithriaid i ddinasyddiaeth Israel, yn estroniaid i'r cyfamodau a'u haddewid, heb obaith a heb Dduw yn y byd' (2:12).

Yr hyn a wna'r Adfent yw ein tywys yn ôl, i ddechrau, i'r cyfnos, i'r gwyll, cyn ein harwain, yn raddol, at ysblander goleuni'r Ymgnawdoliad. Fe fydd gwasanaeth Adfent mewn eglwys yn dechrau â goleuadau'r adeilad wedi eu diffodd. Yna, fel yr â'r gwasanaeth yn ei flaen cynyddir y golau hyd nes cyrraedd yr uchafbwynt pan gyhoeddir genedigaeth y Meseia, a'r eglwys, erbyn hynny, yn ffrwd o oleuni. Daeth yn arferiad mewn capel yn ystod y blynyddoedd diwethaf hyn i gynnau canhwyllau'r Adfent – un gannwyll ar y Sul cyntaf, dwy ar yr ail, tair ar y trydydd, pedair ar y pedwerydd – yn arwydd o'r modd y mae'r tywyllwch yn ildio fwyfwy i'r goleuni wrth i'r tymor fynd yn ei flaen, a'r Nadolig yn nesáu. Yna, ar ddydd Nadolig, cynnau'r bumed gannwyll a honno'n sefyll yn y canol rhwng y pedair arall, ac yn uwch na'r gweddill, yn symbol o Grist, Goleuni'r Byd.

Y mae'r Adfent, felly, yn dymor o baratoi myfyrgar, tawel, a'r Cristion, megis yr hynafgwr Simeon yn Nheml Caersalem, yn 'disgwyl am

ddiddanwch Israel' (Luc 2:25), ac fel y morynion
call sydd â'u gwisg wedi ei thorchi a'u canhwyllau
ynghynn ar gyfer ymddangosiad y Priodfab, yn
'disgwyl dychweliad eu meistr o briodas' (Luc
12:36). Ac fe dry'r disgwyl yn ddyheu. Ar adeg
dywylla'r flwyddyn (oni elwir Tachwedd 'y mis du',
heb fod ynddo na golau haul na lloer na sêr?),
hiraethwn am addewid y gwanwyn ac am hirddydd
haf. Yn yr un modd y mae'r Cristion yn hiraethu am
ddyfodiad Crist. Gwych yn wir yw cyfieithiad J.
Vernon Lewis o'r emyn Lladin, Adfentaidd, a'r 'O!'
gychwynnol ym mhob pennill yn mynegi'n berffaith
ddwyster ein dyhead:

> O! tyred Di, Emanŵel,
> a datod rwymau Isräel
> sydd yma'n alltud unig, trist
> hyd ddydd datguddiad Iesu Grist.
>
> O! tyred, olau'r Seren Ddydd,
> diddana ein calonnau prudd:
> O! gwasgar ddu gymylau braw,
> a chysgod angau gilia draw:
>   O! cân, O! cân Emanŵel
>   ddaw atat ti, O! Isräel.

Eithr oni ddaeth Crist eisoes? Onid ei addewid
derfynol i'w ganlynwyr oedd, 'Ac yn awr, yr wyf fi
gyda chwi bob amser hyd ddiwedd y byd' (Math.
28:20)? Pa bwrpas, felly, sydd mewn deisyf 'Tyred'?
Wele ran o bregeth y Prifathro J. Williams Hughes ar
y testun, 'Buddiol yw i chwi fy myned i ymaith'

(Ioan 16:7): 'Efengyl Ioan sy'n rhoi'r gair terfynol ar y pwnc (sef yr ailddyfodiad) yn y Testament Newydd. Y mae Crist *wedi* dod yr ail waith, yn ei ysbryd, ac y mae wrthi'n ddyfal gyda'i achubol waith. Yn ei ddyfodiad cyntaf *yr oedd* yma yn y cnawd. Trwy ei ailddyfodiad *y mae* yma yn ei Ysbryd. Ac y mae *i ddod eto* yng nghyflawnder Ei Deyrnas, a chlywir cyhoeddi, "Aeth teyrnasoedd y byd yn eiddo i'n Harglwydd ni a'i Grist Ef".' (gweler *Llais y Gwylwyr*, Eglwys Heol y Castell, Llundain, tud. 126).

Felly, y mae Crist *wedi dod* (ym Methlehem); *yn parhau i ddod* (trwy ei Ysbryd at ei ganlynwyr ym mhob oes a chyfnod); ac *i ddod* (mewn gogoniant a gallu, pan fydd pob glin yn plygu iddo, a phob tafod yn cyffesu ei enw). Yr Adfent hwn, gweddïwn ar iddo ddod i breswylio yng nghalonnau dynion ym mhob man, er dileu trais a dialedd a sefydlu cyfiawnder yn ein byd terfysglyd; ac edrychwn ymlaen at y dydd pan fydd y baban a aned yn llety'r anifail yn frenin yr hollfyd, ac yn teyrnasu 'oll yn oll'. Prin fod rhagorach gweddi ar gyfer yr Adfent na honno a geir ar dudalen olaf y Testament Newydd, gweddi a oedd yn wreiddiol yn gri o eiddo dinasyddion Rhufain am ddyfodiad yr ymerawdwr, ond a addaswyd gan Ioan i fynegi dyhead mawr yr Eglwys Gristionogol, 'Tyrd, Arglwydd Iesu!' (Datguddiad 22:20).

Prydain *Fawr*

Churchill, felly, a ddaeth i'r brig. Roedd ganddo'r fantais o gael Mo Mowlam alluog, graff, i gyflwyno'i achos, a hefyd y ffaith mai'r rhaglen arno ef oedd yr olaf yn y gyfres, ac felly'n fwy byw ym meddwl y gwylwyr pan ddaeth yn amser pleidleisio. Nid na chafodd Jeremy Clarkson hwyl ar restru rhagoriaethau Isambard Kingdom Brunel, y peiriannydd athrylith-gar a wnaeth cymaint i hybu trafnidiaeth, ar dir a môr, yn oes Fictoria. A bu Shakespeare a Darwin a'r Dywysoges Diana hefyd yn y ffrâm – pob un yn ymgeisydd cryf ar gyfer ei ddyfarnu'n Brydeiniwr mwyaf yr oesau. Ond Churchill a orfu, a hynny, mae'n siŵr, ar gyfrif ei arweinyddiaeth gadarn yn ystod dyddiau tywyll yr Ail Ryfel Byd, a'r modd yr ysbrydolodd ei bobl i gredu ynddynt eu hunain wyneb yn wyneb â bygythiad enbyd Hitleriaeth. Y llais; y bersonoliaeth; yr areithiau dramatig; yr ymadroddion cofiadwy; y cadernid di-ildio pan oedd eraill yn gwegian – dyma'r rhinweddau a barodd iddo gael ei anrhydeddu fel y Prydeiniwr mwyaf ohonynt i gyd.

Lluniwyd clamp o gofiant iddo gan Roy Jenkins, cyfrol na all rhywun ond rhyfeddu at ei manylder a'i threiddgarwch. Y mae llawer o'r dyfyniadau yn aros ar y cof, megis sylw enwog Clementine Churchill wrth i Asquith ddiswyddo ei phriod o'r Morlys yn dilyn ffiasco'r Dardanelles: '*Winston may in your eyes & in those with whom he has to work have faults but he has the supreme quality which I venture to say very few of your present or future Cabinet possess, the power, the imagination, the deadliness to fight Germany*' (tud. 275). Os ei dweud hi! A beth am y cyferbyniad rhwng Churchill a Baldwin yn nes ymlaen yn ei yrfa?: '*Baldwin liked quiet and calm water. Churchill liked the clashing noise of great storms*' (tud. 434).

Wrth reswm, ni chafwyd cyfle i wylio pob un o raglenni'r gyfres, ond am y rhai y cafwyd ychydig egwyl i'w dilyn pa argraff a adawyd? Yr hyn oedd yn ddadlennol oedd y diffiniad o'r gair 'mawr'. Beth, ym marn y cyflwynwyr a'r pleidleiswyr, oedd y prif gymwysterau ar gyfer bod yn Brydeinwyr 'mawr'? Rhywsut ni allai rhywun osgoi'r casgliad bod y 'mawredd' hwn yn cael ei gyfystyru â statws Prydain mewn oes a fu. Roedd Prydain yn 'fawr' pan oedd ganddi rym a gallu gwleidyddol, ei 'gogoniant' yn ymledu dros bum cyfandir, a thiriogaethau ei hymerodraeth mor eang fel nad oedd yr haul byth yn machlud trostynt. Dyma weld mawredd yng ngoleuni mawrdra a phŵer a gallu i arglwyddiaethu. 'Mawredd' Churchill oedd ei allu i gynnal ac i hyrwyddo'r grymusterau hyn, o leiaf i fesur. Ni ddiflannodd y meddylfryd hwn yn llwyr o'r tir. Beth oedd Rhyfel y Malfinas wedi'r cyfan ond cyfle i ail-lwyfannu drama'r Ail Ryfel Byd – ar raddfa lawer llai, yn sicr, ond yr un oedd y seicoleg wleidyddol y tu ôl iddo –

fel bod Margaret Thatcher yn gallu sefyll y tu allan i 10 Stryd Downing ac annog pawb i 'orfoleddu' yng ngoruchafiaeth Prydain. A'r canlyniad oedd i safle'r Prif Weinidog godi'n syfrdanol yn y polau piniwn, a buddugoliaeth y Torïaid yn yr etholiad cyffredinol dilynol wedi ei sicrhau. Ac y mae lle i ofni bod yr un agwedd i'w chanfod heddiw yng nghefnogaeth ddiamod Tony Blair i bolisïau George W. Bush, arlywydd yr unig archbŵer sy'n bodoli bellach yn dilyn cwymp Undeb y Sofiet. Yng nghysgod America 'fawr' bydd Prydain hefyd yn 'fawr'. Dyna'r athroniaeth. A dyna'r perygl.

Mae'n dymor yr Adfent. Tybed a oes gan y Nadolig rywbeth i'w ddweud wrthym am nodweddion gwir fawredd? Meddai Awstin, 'Yr unig ateb i falchder dyn yw gostyngeiddrwydd Duw'. Yr hyn a wnawn adeg y Nadolig yw dathlu gwyleidd-dra syfrdanol y Duwdod: '. . . ond fe'i gwacaodd ei hun gan gymryd ffurf caethwas a dyfod ar wedd dynion . . . efe a'i darostyngodd ei hun . . .' (Philipiaid 2). Ni ellir yn rhagorach wrth gloi'r sylwadau hyn na dyfynnu geiriau Jürgen Moltmann yn un o'i bregethau mwyaf ysgytiol: '. . . yr unig Arglwydd – yn was i bawb; llywodraethwr y cyfanfyd – yn gyfaill publicanod a phechaduriaid; y barnwr cyfiawn – yn frawd i'r gwrthodedig. Y mae hyn yn chwyldroi'n llwyr y modd yr ystyriwn ogoniant, mawredd, llwyddiant a grym. Fel arfer, pan fyddwn yn edmygu rhywun mwy na ni ein hunain byddwn yn edrych i fyny ato, ond yn achos Iesu rhaid inni *edrych i lawr*. Darganfyddwn ogoniant Iesu yn ei ostyngeiddrwydd;

ei fawredd yn ei dlodi; ei rym yn ei hunanymwadiad, o breseb amrwd Bethlehem i groes unig (*desolate*) Golgotha' (*The Power of the Powerless*, tud. 23–24). Yng ngwasanaeth di-hunan 'y dyn er mwyn eraill' y canfyddir mawredd Crist. Arwyddion ei ogoniant yw crud a chroes, a chawg dŵr a thywel. A'r un yw ei neges i'n hoes ninnau heddiw fel ag erioed: '. . . pwy bynnag sydd am fod yn fawr yn eich plith, rhaid iddo fod yn was i chwi . . .' (Marc 10:43). Cyfeirir ato'n fynych yn ein hemynau fel 'Iesu *mawr*' ond y mae ei ogoniant ef yn dra gwahanol i ddiffiniad y byd, a'r cyfryngau, o'r hyn yw mawredd.

Gŵyl y Baban

Y tu allan i Eglwys St Martin-in-the-Fields yn
Llundain, ceir cerflun wedi ei naddu o ddarn o
garreg Portland. Mae ei siâp yn hirsgwar a'r ochrau
wedi eu llyfnhau yn gelfydd. O gwmpas y pedair
ochr ceir dyfyniad o'r Prolog i Efengyl Ioan: 'A'r
Gair a wnaethpwyd yn gnawd, ac a drigodd yn ein
plith yn llawn gras a gwirionedd'. Y mae'r golofn
lefn fel pe tase hi wedi ei thorri yn ei hanner, ac
mae'r rhan uchaf yn arw ac anwastad. Yng nghanol
y darn garw hwn ceir cerflun o blentyn newydd-
anedig.

Comisiynwyd y cerflun, gwaith Mike Chapman,
yn arbennig ar gyfer y milflwyddiant newydd, ac
mae'r baban yn ein hatgoffa bod Duw gyda ni wrth
inni wynebu cyfnod newydd, dyrys. 'Daeth Duwdod
mewn baban i'r byd'. Mae'n arwyddocaol bod y
cerflun yn wynebu Sgwâr Traffalgar, a'i brysurdeb
a'i dwrw parhaus, man ymgynnull i bobl o bob lliw
a llun, a man sydd hefyd yn enwog am ei broblemau
cymdeithasol, cymhleth. Ac mae'n briodol mai y tu
allan i eglwys Sant Martin (y sant a fuasai gynt yn
filwr, ac a gofir am iddo rannu ei glogyn â chardotyn
tlawd) y codwyd y cerflun gan fod i'r eglwys hon
draddodiad hir o estyn ymgeledd i'r truan a'r
anghenus. Onid yma y bu Dick Sheppard yn ficer?

Yn ystod y cyfnod hwnnw (1914–1926) daeth crypt yr eglwys yn ganolfan gymdeithasol a oedd yn gwasanaethu miloedd ar filoedd o anffodusion y ddinas, ac yn noddfa i filwyr ar eu ffordd i faes y gad, a thrachefn wrth ddychwelyd o'r gyflafan fawr. Pan ddechreuodd Dick Sheppard ar ei weinidogaeth, nifer yr addolwyr yn eglwys Sant Martin oedd chwech yn y bore a saith yn yr hwyr. Un ar ddeg oedd yn bresennol yn ei gyfarfod sefydlu. Yn fuan gwelwyd y gynulleidfa'n gorlenwi'r adeilad. Pan fu farw Dick Sheppard yn 1937 dygwyd ei gorff yn ôl i'r eglwys lle y cyflawnodd ei weinidogaeth ryfeddol, ac aeth dros gan mil o bobl heibio i'w arch i dalu gwrogaeth iddo. Ac ond i chi fwrw golwg i lawr ochr yr eglwys heddiw (fel y ces innau gyfle i wneud yn ddiweddar wrth dreulio penwythnos yn Llundain), fe welwch rai o glwyfedigion ein hoes ni – y digartref, y rhai sy'n gaeth i gyffuriau ac i alcohol – yn gorweddian ar y palmant, gan ddisgwyl o hyd i rywrai, yn enw Crist, drugarhau wrthynt.

Mae'r cerflun y tu allan i byrth eglwys Sant Martin yn dangos yn eglur ddigon mai i fyd yn llawn gwae a gwewyr y ganed baban Bethlehem. Nid i fyd perffaith y daeth, ond i fyd o anghyfiawnder a dioddefaint, byd wedi ei lygru gan bechod a'i halogi gan drachwant. Ys canodd Ieuan Wyn, yn 'llety'r llaid' y cafwyd 'y Mab pur'.

Ar un olwg y mae baban yn greadur eiddil a gwantan, cwbl ddibynnol ar eraill am ofal a chynhaliaeth. Mae'r cyfan y saif baban Bethlehem drosto yn ymddangos yn hynod fregus y Nadolig hwn, a sŵn rhyfel a therfysg yn y tir. Y rhai addfwyn yn etifeddu'r ddaear, a gwneuthurwyr tangnefedd yn wynfydedig! Pwy, mewn difri, sy'n credu hynny? A pha wladweinydd sy'n llunio ei bolisi tramor ar sail y weledigaeth honno?

Ac eto, er pob gwendid ymddangosiadol, y mae baban yn ddygn a gwydn, ac yn meddu ar ewyllys gref i fyw ac i oroesi. Goroesi fu hanes baban Bethlehem, er gwaethaf bygythiad Herod. Goroesi fydd hanes ei Efengyl, hithau, er i ddynion ei sarhau a'i hanwybyddu. Nid baban mohono, bellach, ond brenin, a rhyw ddydd bydd ei Deyrnas yn cwmpasu'r ddaear gron. Daw dydd y bydd 'mawr y rhai bychain', pan na fydd mwy 'y rhai mawr'. Ganed Iesu i ganol garw-der a gerwinder ein daear – fel y dengys cerflun Mike Chapman mewn modd cwbl drawiadol; ryw ddydd, fodd bynnag, 'gwneir y tir ysgythrog yn llyfn, a'r tir anwastad yn wastadedd' (Eseia 40:4).

Er bod ing y ddynolryw yn ein tristáu yn ddirfawr y Nadolig hwn, nid ydym yn ddiobaith. Y mae 'Tywysog Tangnefedd yn dathlu'i ben-blwydd' a ninnau'n gwybod, trwy ffydd, mai Ef piau'r orsedd.

> Daeth Brenin yr hollfyd i oedfa ein hadfyd
> er symud ein penyd a'n pwn.

Y Grawys

Y mae'r rhai ohonom a fu yn narlith y Parchedig John Gwilym Jones, Bangor, yn Ysgol Haf y Gweinidogion y llynedd – darlith a ymdriniai â gwerth y weinidogaeth fugeiliol wrth wely angau – yn dal i gofio un o'r termau a ddefnyddiodd y darlithydd, sef y gair *downsizing*. Cyfeiria'r ymadrodd at arfer rhai pobl wrth fynd yn hŷn i gael gwared ar lawer o'u geriach dianghenraid er mwyn i fywyd fod yn ysgafnach a llai beichus.

Ac yn awr dyma derm arall – digon tebyg o ran sain ac ystyr i'r uchod – yn dod fwyfwy i'r amlwg, sef *downshifting*. Y mae llyfr newydd, *Getting a Life: The Downshifter's Guide to Happier, Simpler Living* gan Judy Jones a Polly Ghazi, ar fin cael ei gyhoeddi ar y pwnc. Hyd yn ddiweddar bu'r ddwy awdures yn gweithio fel newyddiadurwyr i bapur Sul cenedlaethol ond daethant i'r casgliad bod mwy i fywyd na gorfod cyfarfod yn gyson â *deadlines* didostur. A hwythau wedi blino ar wasgfeydd a phwysau eu galwedigaeth dyma benderfynu ymadael â'r ras orffwyll yr oeddent yn rhan ohoni, cefnu ar y swyddfa, y cyfrifiadur a'r ffôn, a symud i ardal wledig i fyw bywyd llawer symlach a mwy hamddenol. O ganlyniad bu'n rhaid iddynt wynebu gostyngiad sylweddol mewn incwm ond gwell oedd ganddynt gyfaddawdu ynghylch hynny na dal i fyw yng nghanol tensiwn gormesol eu swyddi gor-brysur.

Gellir meddwl am rai gwŷr a gwragedd tra adnabyddus a wnaeth benderfyniad tebyg, pobl megis Aristotlys a Platon, yr athronwyr mawr. A beth am Siddhartha Gotama a gefnodd ar rwysg y plasty crand a'r golud mawr a ddeuai i'w ran ar ôl dyddiau ei dad, er mwyn chwilio am y goleuni mewnol ynghyd â'r ateb i gwestiwn dyrys dioddefaint? Wedi iddo gael ei oleuo a dod yn 'bwdha' aeth oddeutu'r wlad yn cymeradwyo'r 'ffordd ganol', sef dull o fyw a oedd yn osgoi'r ddau eithaf, sef cyfoeth afresymol y palas ar un llaw, a thlodi affwysol y dyn ar lawr ar y llaw arall. Yn ôl safonau'r byd hwn, un â'i fywyd ar y goriwaered oedd Sant Ffransis. O ymweld, heddiw, â'r eglwys yn Asisi y mae cyfle i weld y clogyn o frethyn garw yr arferai'r mynach ei wisgo, a hefyd i brofi'r 'hedd na ŵyr y byd amdano'.

Erbyn hyn mae'n dymor y Grawys, y cyfnod o ddeugain niwrnod rhwng Dydd Mawrth Ynyd ('ynyd' o'r Lladin *initium* = dechrau) a noswyl Gwener y Groglith, pan fydd Cristionogion ym mhob rhan o'r byd yn ymarfer hunanddisgyblaeth ac ympryd. Wrth reswm y mae perygl i'r Grawys ddirywio i fod yn ddim amgen na thymor i ymwadu â phethau ac arferion digon dibwys, ond y mae ei wir ystyr yn llawer dyfnach na hynny. Diffiniwyd proses *downshifting* yn y modd hwn: 'Ffordd i symleiddio bywyd, gan ennill llai a gwario llai a chanolbwyntio ar y blaenoriaethau'. Onid hynny hefyd yw gwir amcan y Grawys?

Nid oes rhagorach esiampl o'r hyn y buom yn ei drafod uchod na'r hyn a amlygwyd ym mywyd Iesu. Ef yw'r un a'i 'gwacaodd ei hun, gan gymryd ffurf caethwas a dyfod ar wedd dynion' ac a'i 'darostyngodd ei hun, gan fod yn ufudd hyd angau, ie angau ar groes' (Philipiaid 2: 7, 8). Dengys y termau 'gwacáu' a 'darostwng' mai ym Methlehem ac ar Galfaria y gwelwyd y *downshifting* mwyaf syfrdanol a rhyfeddol a fu erioed. Dywed Paul Tillich, un o ddiwinyddion praffaf ein canrif ni, am un o gewri'r eglwys yn yr unfed ganrif ar bymtheg, 'Un o feddyliau dwysaf Martin Luther yw i Dduw ei wneuthur ei hunan yn fach yng Nghrist er ein mwyn ni. A thrwy hynny sicrhaodd i ni ein rhyddid a'n dynoliaeth'.

Yn sicr wrth ymdrin â'r pwnc o dan sylw rhaid bod yn realistig ac yn ymarferol. Ni all pawb gefnu ar y byd a throi'n fynach. Y mae'n rhaid wrth swydd a chyflog, a honno'n fywoliaeth deg, gobeithio, cymesur â chyfrifoldebau'r gwaith. Ond y mae galw arnom hefyd, yn arbennig dros adeg y Grawys, i roi ystyriaeth ofalus i ddibenion bywyd ac i'r pethau hynny sy'n hawlio'r flaenoriaeth. Hwyrach ei bod yn dechrau gwawrio ar rywrai, hyd yn oed yn yr oes farus, gystadleuol a hunanol hon, nad yw 'bywyd neb yn sefyll ar amlder y pethau sydd ganddo' (Luc 12:15).

Yr Effod

Bu'n rhaid i bwy bynnag a fu wrthi'r gaeaf hwn yn astudio maes llafur yr Ysgol Sul fynd i'r afael â'r gair 'effod'. Yn 1 Samuel 2 defnyddir y term i ddisgrifio rhan o wisg y sawl a weinyddai yn y cysegr: 'Yr oedd y bachgen Samuel yn gwasanaethu gerbron yr Arglwydd mewn effod liain' (adnod 18). Yn llyfrau Ecsodus a Lefiticus ceir manylion am effod yr archoffeiriad – gwisg bedwar lliw o wneuthuriad cywrain ac edafedd aur wedi eu gwau drwyddi. O droi, fodd bynnag, at 1 Samuel 14 gwelir nad gwisg mo'r effod yn y fan honno ond oracl, math ar flwch lle y cedwid yr Wrim a'r Thwmim (o bosibl, cerrig llyfnion ac arnynt nodau pwrpasol yn erbyn neu o blaid yr hyn y ceisid ei benderfynu), blwch y gwnaed defnydd ohono er mwyn gwybod ewyllys yr Arglwydd. Yn ôl pa un o'r ddau a dynnid allan o'r effod – yr Wrim ('melltith') neu'r Thwmin ('heb fai') – roedd modd gwybod union fwriad Duw ar gyfer ei bobl mewn unrhyw sefyllfa pan oedd angen dewis un o ddwy ffordd bosibl o ymlwybro. O leiaf, dyna a gredid. Ac o sicrhau arwydd ffafriol trwy gyfrwng yr effod roedd modd mynd i frwydr yn meddu sicrwydd y byddai Duw Israel yn rhoi'r gelyn yn llaw ei bobl briodol ei hun.

Mae'r cyfan yn ymddangos i ni heddiw yn ddull cyntefig, amrwd o geisio gwybodaeth o ewyllys Duw. Dyna pam y mae'n rhaid gosod y defnydd o'r effod yn ei gyd-destun hanesyddol ac amseryddol, gan gofio ein bod yn ymwneud yma ag arferion a defodau a oedd mewn bod ddeg canrif, a mwy, cyn geni Iesu. Mae'n dilyn na fyddem ninnau heddiw yn ystyried defnyddio dulliau mor simplistaidd. Ac eto, o ailfeddwl, y mae yna rywrai heddiw sy'n haeru eu bod yn gwybod ewyllys Duw, a hynny'n ddigamsyniol o eglur. Ar Lain Gasa a'r Lan Orllewinol; ar strydoedd Belfast a Deri; yng nghoridorau'r Tŷ Gwyn a'r Pentagon, y mae rhywrai'n honni bod ewyllys Duw – bydded Iawe neu Allah neu Dduw a Thad yr Arglwydd Iesu – yn eiddo iddynt. Ar sail hynny cyfiawnhânt eu hymosodiadau ar y gelyn, gan ystyried eu hymgyrchoedd yn rhai cyfiawn. Canlyniad ymgynghori â'r oracl yn 1 Samuel 14 oedd ysgogi cyrch yn erbyn y Philistiaid, a'r un modd heddiw defnyddir yr effod i gyfiawnhau pob math o weithredoedd dieflig.

Rŷm yn nesáu at y Groglith a'r Pasg. Yn ystod y dyddiau nesaf byddwn yn cofio eto am ing a gwewyr yr Hwn a weddïodd am nerth i gyflawni ewyllys ei Dad. Dwysed ei weddi nes i'w chwys syrthio megis dafnau gwaed ar y ddaear. Nid lle am atebion slic a datganiadau hunanhyderus, arwynebol mo Gethsemane. Mae yma Un sy'n ymdrechu, yn ymlafnio hyd at ddagrau, i ymateb yn gadarnhaol i'r un cymhelliad mawr, 'Eithr nid yr hyn a fynnaf fi, ond yr hyn a fynni di'. Nid rhwydd oedd iddo ddarganfod ewyllys Duw; roedd ufuddhau iddi yn anos fyth, oherwydd roedd a wnelo'r ewyllys honno ag aberth a dioddefaint, a dirmyg a gwaradwydd. Yn awr ei gyfyngder gwelodd Iesu'n glirach nag erioed mai trwy garu y mae gorchfygu; trwy ddioddef y mae goresgyn yr un drwg; trwy faddau y mae diarfogi'r gelyn a lladd yr elyniaeth. Dyna ewyllys Duw. Nid bod Duw yn ewyllysio iddo ddioddef, ond yn hytrach ei fod yn ymwrthod â dull y byd hwn, gan orchfygu drygioni trwy ddaioni, a cherdded ar hyd ffordd cymod a maddeuant. Ac i Iesu roedd cerdded ar y llwybr hwnnw yn golygu ei fod, o anghenraid, yn dioddef. Ac felly fe godod oddi ar ei liniau, gan ymbaratoi ar gyfer artaith y groes, y groes honno a drodd yn 'goncwest cariad'. Fore'r Pasg gwelwyd mai ffordd cariad a orfu, ac mai eiddo gŵr dirmygedig y groes yw'r fuddugoliaeth derfynol ar bechod ac angau.

Yng ngoleuni gwewyr Gethsemane ac aberth Calfaria mae'n amhosibl credu bod unrhyw ddialedd, unrhyw weithred dreisgar, ddinistriol, yn unol ag ewyllys Duw – ym mha fodd bynnag y dehonglir arwydd yr effod. Ac felly gwylied dyn, ac eglwys a llywodraeth pan fyddont yn cyhoeddi'n groch ger bron y byd eu bod yn gweithredu fel yr ewyllysia Duw, oherwydd gall cydymffurfio ag ewyllys yr Arglwydd fod yn weithred ddifrifol o gostus. Tybed faint ohonom sy'n barod i dalu'r pris, gan ymwadu â'r hunan a chodi'r groes beunydd?

Y Groglith

Mae'r 'Groglith' yn derm sy'n ei egluro'i hunan yn amlwg ddigon. Dyma lith y grog, llith y crocbren, llith y croeshoeliad, sef y darn gosodedig o'r Ysgrythur i'w ddarllen yn yr eglwys ar y dydd Gwener o flaen y Pasg. Cyn cyhoeddi argraffiad 1662 o'r *Llyfr Gweddi Gyffredin*, y penodau penodedig oedd y ddeunawfed a'r bedwaredd ar bymtheg yn Efengyl Ioan, ond yn fersiwn 1662 cwtogwyd y darlleniad i'r bedwaredd bennod ar bymtheg yn unig, ac o hynny ymlaen, pennod un deg naw yn Efengyl Ioan yw'r 'groglith'. Hon yw'r bennod sy'n sôn am Iesu'n cael ei ddedfrydu i farwolaeth; ei fflangellu; ei watwar wrth i'r milwyr osod coron o ddrain ar ei ben, a rhoi mantell borffor amdano; ei groesholi gan Pilat; ei wrthod gan y dyrfa ('Ymaith ag ef, ymaith ag ef, croeshoelia ef'); ei groeshoelio yng Ngolgotha, 'Lle'r Benglog'; ei adael i drengi mewn dirfawr boen; am un o'r milwyr yn trywanu ei ystlys â phicell; ac amdano'n cael ei gladdu ym medd newydd Joseff o Arimathea. Felly, a bod yn dechnegol gywir, dyma gynnwys y 'groglith'.

Roedd y *titulus* a osodwyd ar frig y groes yn nodi tair ffaith am y croeshoeliedig, sef, ei enw, ei gyfeiriad, a natur ei drosedd. Felly hefyd yn achos

Iesu: 'Iesu' (ei enw); 'o Nasareth' (ei gyfeiriad); 'Brenin yr Iddewon' (y cyhuddiad iddo'i wneud ei hun yn frenin yn lle Cesar, ac o fod yn euog, felly, o deyrnfradwriaeth). Wrth gwrs, wrth i'r prawf fynd yn ei flaen bu'n rhaid i elynion Iesu newid natur y cyhuddiad yn ei erbyn. Gerbron y Sanhedrin fe'i cyhuddwyd o gabledd, sef o honni mai ef oedd y Meseia, mab Duw. Roedd yr ensyniad, felly, yn un crefyddol. Gan na fyddai hyn yn tycio dim yn llys Pilat – gŵr nad oedd unrhyw ddiddordeb ganddo mewn cwerylon crefyddol, sectyddol, oni bai eu bod yn tarfu ar heddwch gwlad – dyma roi, yn awr, arlliw gwleidyddol i'r achos yn erbyn Iesu, a'i gyhuddo o frad. Hyn a barodd i Pilat ofyn iddo yn blwmp ac yn blaen, 'Ai ti yw Brenin yr Iddewon?' ac ymddengys i ateb Iesu ei foddhau.

Mae'n arwyddocaol iawn bod Ioan yn nodi i Iesu 'gario'i groes ei hun' (19:17), gan hepgor yn llwyr y cyfeiriad a geir yn yr Efengylau Cyfolwg at Iesu'n syrthio o dan bwysau'r pren (fel arfer y trawsbren a gariwyd gan y cyhuddedig – buasai'n gwbl amhosibl iddo gario'r groes gyfan), a'r modd y gorfodwyd Simon o Gyrene i ysgwyddo'r baich. Yn ôl Ioan fe â Iesu i'w groes yn gwbl hunanfeddiannol, a grym ei ewyllys gref yn ei yrru ymlaen. Ef, ac nid Annas na Chaiaffas na Philat, sy'n feistr ar y sefyllfa. A phan ddaw'r diwedd fe'i clywir yn llefain 'Gorffennwyd', nid fel cyffes o fethiant a diymadferthedd, ond er mwyn datgan ar goedd fod yr hyn y galwyd arno gan Dduw i'w gyflawni yn awr wedi ei gwblhau.

Y gwaith gyflawnaist un prynhawn
Ar fythgofiadwy fryn.

I Ioan, felly, nid ffigwr truenus, gorchfygedig, un wedi ei lorio gan amgylchiadau bywyd a'i ddinistrio gan gynllwynion ei elynion, yw Iesu Calfaria. Hyd yn oed yn awr ei ddarostyngiad, ef yw'r Gorchfygwr, y Buddugwr mawr. Try ei groes yn orseddfainc. 'A minnau, os caf fy nyrchafu oddi ar y ddaear, fe dynnaf bawb ataf fy hun' (Ioan 12:32).

Cans clwyfwyd dau, concwerodd un,
A Iesu oedd Efe.

Trech cariad Crist na chasineb a gelyniaeth y byd. Trech y bywyd sydd ynddo na holl alluoedd y fall. I'r ffaith ysgytiol hon y tystia 'croglith' Ioan.

Y mae'r enw Saesneg ar y Groglith, sef *Good Friday*, yn ymddangos yn ddisgrifiad chwerthinllyd o anaddas, yn sicr ar yr olwg gyntaf. Sut y gall y Gwener pan yw'r gorau a'r harddaf o feibion dynion yn cael ei osod ar ddeuddarn pren, a hoelion llymion trwy ei gnawd, yn 'Ddydd Gwener Da'? Mae'r esboniad, wrth gwrs, yn ddigon syml. Nid '*Good*' a gaed yn wreiddiol ond '*God*', ac yn union fel y trodd '*God bye*' ('Duw a'ch bendithio') yn '*Good bye*', felly hefyd yr aeth '*God's Friday*' yn '*Good Friday*'. Dydd Gwener Duw – dyna yw'r Groglith. Ac onid yw'n ddisgrifiad ardderchog? Dyma'r dydd y bu Duw ar waith, yn a thrwy Iesu, mewn modd

180

tyngedfennol ac achubol, gan droi'r drychineb fwyaf erioed yn hanes y ddynolryw yn fuddugoliaeth ddigymar. 'Wŷr Israel, clywch hyn: sôn yr wyf am Iesu o Nasareth . . . fe groeshoeliasoch chwi ef drwy law estroniaid, a'i ladd. *Ond cyfododd Duw ef*, gan ei ryddhau o wewyr angau . . .' (Actau 2:22–24). Yn ddiamau y mae 'ond' yn un o eiriau mawr y Testament Newydd. Yr 'ond' a weithredodd Duw ar Wener y Grog a bore'r Pasg yw 'sail holl obeithion euog fyd'. Er tywylled y ffurfafen, ac er dued y nos, cred y Cristion yn ddiysgog mai Duw biau'r gair olaf. Hyn a wna'r Gwener hwn yn 'Ddydd Gwener Da'.

Y Pasg

Oherwydd natur fy ngwaith bydd achos gennyf i ymweld yn bur fynych ag Amlosgfa Parc Gwyn, Arberth, a phob tro yr af yno, ym mha dymor bynnag o'r flwyddyn, bydd y gerddi prydferth, cymen yn sicr o ddenu fy sylw, a'm cymell, rhywsut, i fyfyrio uwchben ystyr a phwrpas bywyd. Wrth gwrs, bydd y rheswm am fynd i Barc Gwyn yn y lle cyntaf, a'r gorchwyl trist o orfod ffarwelio â chyfeillion ac aelodau a fu'n deyrngar i'w heglwys ac yn gefn i'w gweinidog, yn gosod rhywun mewn ffrâm o feddwl sy'n rhwym o ysgogi meddyliau o'r fath. Yn y gaeaf bydd canghennau'r coed yn noethlwm, a'r lawntiau'n llwyd eu gwedd – weithiau'n gorwedd o dan orchudd o rew ac eira – a dyna fywyd yn ei freuder, ei fyrder, ei erwinder a'i noethni brawychus. Ganol haf bydd y colfenni a'r llwyni'n un ffrwd o liwiau tanbaid, a dyna fywyd yn ei ysblander a'i ogoniant. Nodweddir yr hydref gan gochni euraid y dail, a dyna fywyd yn ei aeddfedrwydd a'i lawn dwf, gyda chwymp y ddeilen yn adrodd ei stori ei hun.

Does yr un olygfa i'w chymharu â honno a welir ar ddechrau'r gwanwyn. Bryd hynny bydd y groes garreg, enfawr sy'n sefyll wrth ochr y ffordd rhwng y brif fynedfa a'r capel wedi ei hamgylchynu gan garped o friallu a saffrwn, a chan fod hynny'n digwydd adeg y Grawys, pan fydd y Pasg yn ymyl, mae'n anodd peidio â gweld yn y cyfan bortread o genadwri fawr yr uchel ŵyl. Croes, a chrocysau wrth ei throed; y symbol oesol, garw o'r creulondeb erchyllaf, ac o'i gwmpas brydferwch tyner y petalau gwyn a phorffor a melyn. Dyma fywyd newydd yn cwmpasu angau. Dyma farwolaeth yn ildio'r dydd i'r grym adnewyddol, anorchfygol sydd yn yr egin a'r blagur. Ydi, mae'n ddarlun hynod drawiadol, yn ddameg yn wir o neges ganolog y Ffydd. Bu'n foddion cysur i lawer o alarwyr wrth iddynt hebrwng eu hanwyliaid ar eu siwrne olaf. 'Yn y fan lle croeshoeliwyd ef yr oedd gardd . . .' (Ioan 19: 41).

Ac eto mae'n rhaid bod yn ochelgar oherwydd camgymeriad mawr yw cyfystyru blodau'r gwanwyn â gobaith y Pasg. Gallant fod yn ddarlun ohono, ond nid ydynt yn ei esbonio. Er i Cynan gael ei gyfareddu gan yr eirlysiau a dyfai wrth garreg ei ddrws, a synhwyro o'r herwydd fod 'Grym yr Atgyfodiad' yn 'cerdded hyd y wlad', rhaid ymgadw rhag rhamantu'n ormodol ynghylch y wyrth wanwynol. Rhan o drefn dymhorol y byd creëdig yw'r gwanwyn; gweithred unigryw, eithriadol a chwbl ddigymar o eiddo Duw oedd atgyfodiad Iesu. Meddai Pedr wrth y dorf ddisgwylgar yng Nghaersalem ar ddydd y Pentecost: ' . . . fe groeshoeliasoch chwi ef drwy law estroniaid . . . ond cyfododd Duw ef' (Actau 2: 23, 24). Nid atgyfodi yn ôl rhyw drefn naturiol a wnaeth Iesu, ond yn hytrach cael ei gyfodi, unwaith ac am byth, gan Dduw. Dynion yn ei groeshoelio; Duw yn ei fywhau. Mae'r cennin Pedr yn dlws anghyffredin, ond y mae 'grym yr atgyfodiad' (Phil. 3: 10) yn rhywbeth tra gwahanol.

Sut mae amgyffred atgyfodiad Iesu? Y mae'r diwinydd Jürgen Moltmann yn ein rhybuddio fod yr atgyfodiad, fel proses, ac fel digwyddiad, yn oleuni nad yw'n bosibl inni edrych i mewn iddo'n uniongyrchol oherwydd bydd ei ddisgleirdeb yn ein dallu. Rhaid cofio nad oedd neb yn dystion uniongyrchol i'r hyn a ddigwyddodd; erbyn i ganlynwyr Iesu gyrraedd yr ardd, ar doriad gwawr, roedd 'y lle y bu'n gorwedd' eisoes wedi ei wacáu. Hwyrach mai'r lle gorau i ddechrau yw nid gyda'r maen, y bedd gwag, yr angel a'r amwisg, a'r cwestiynau dyrys sy'n codi yn eu sgil, ond gyda phrofiad y sawl a ddaeth o dan gyfaredd, o dan *impact*, y Crist byw. Pam y dychwelodd y gwragedd o'r bedd wedi cynhyrfu drwyddynt? Sut y trowyd disgyblion petrusgar yn genhadon, a gwŷr anllythrennog yn bregethwyr eofn? Pam y cyflymodd cam y ddau a deithiai'n benisel i gyfeiriad Emaus, a sut y trowyd eu calon oer yn dân? Sut y gwelwyd eglwys a fu ar y creigiau b'nawn y Grog yn sefyll ar graig gadarn fore'r Pentecost? Sut yr enillwyd Saul yr erlidiwr i fod yn Paul yr apostol? A pham yr aethpwyd ati i ysgrifennu efengylau, ac i gasglu dogfennau'r Testament Newydd, gwaith cwbl ofer os oedd y gwrthrych a'u hysbrydolodd yn farw? I'r Cristion, 'does ond un ateb posibl, ac fe'i clywir yng nghri'r gynulleidfa yn Eglwys Uniongred Rwsia, fore'r Pasg: *Christos Anesti*, 'Crist a gyfododd'.

Fel arfer mewn nofel dditectif bydd yr awdur yn darlunio'r 'digwyddiad' – y drosedd, y twyll, y llofruddiaeth – yn y bennod agoriadol, gan dreulio gweddill y llyfr i arwain y darllenydd (a'i gamarwain yn fynych!) drwy'r haenau o dystiolaeth sy'n datrys y broblem yn y bennod glo. Ond yn y traddodiad clasurol, Groegaidd, y mae'r fformat yn gwbl wahanol. Rhoddir yr 'ateb' ar y dechrau'n deg, a defnyddir y golygfeydd dilynol i ddangos sut y daethpwyd o hyd iddo. Y mae i fyny i'r darllenydd, wedyn, i ddyfalu beth oedd y sefyllfa wreiddiol. Dyma gychwyn gyda'r diwedd, a gweithio ffordd yn ôl at y dechrau. Dyma, hefyd, mi dybiaf, y modd gorau i geisio egluro'r Pasg. Dechrau gyda'r effeithiau, a throi'n ôl, wedyn, i ystyried yr hyn a roes fod iddynt.

Yn hytrach na damcaniaethu'n ofer ynghylch atgyfodiad Iesu, mwy buddiol o lawer yw gweddïo am feddu profiad o'r Crist byw, gan gofio gyda Blaise Pascal fod 'gan y galon resymau na ŵyr rheswm ddim oll amdanynt'. Meddai Pennar Davies: 'Ni'm bedyddiwyd â dŵr [ni chafodd ei fedyddio'n faban], ond fe'm bedyddiwyd unwaith â'r Crist Atgyfodedig'. Dyna'r profiad anhepgor. Un peth yw rhyfeddu at geinder y saffrwn; peth arall eto yw ymgolli yn y dadleuon 'o blaid' ac 'yn erbyn' yr atgyfodiad; y peth mawr yw profi o gwmni'r Atgyfodedig, o ddydd i ddydd.

Y Pentecost

Mae'n stori ddifyr. Y mae hefyd yn stori wir. Ac y mae'r ffaith ei bod hi'n stori wir, ac i'r sefyllfa a ddarlunnir gennym yn awr ddigwydd yn union fel yr adroddir yr hanes, yn ychwanegu at ei heffeithiol-rwydd fel dameg o gyflwr pethau, yn grefyddol ac yn enwadol, yn y Gymru gyfoes.

Yr oedd dwy chwaer, digon cysurus eu byd, yn byw yn hen gartref y teulu (cartref a drosglwyddwyd yn etifeddiaeth iddynt ar ôl dyddiau eu rhieni) y tu allan i bentref gwledig yn Sir Gâr, mewn rhan brydferth iawn o'r wlad. Doedd yr un o'r ddwy yn briod. Roeddent wedi byw o dan yr un to ar hyd eu hoes, ac ar ôl colli tad a mam roedd y berthynas rhyngddynt, a dibyniaeth y naill ar y llall, wedi gwreiddio'n ddwfn. Yng ngolwg eu cymdogion roedd y ddwy yn anwahanadwy.

Roedd gan y ddwy ohonynt gerbyd. Nid un car rhyngddynt, ond pob un o'r ddwy â'i cherbyd ei hun. Roedd hyn, wrth reswm, yn rhoi iddynt fesur o annibyniaeth, a hyd yn oed y tu mewn i gylch clòs y teulu, y mae diogelu annibyniaeth yn bwysig. Nid bod y naill na'r llall yn yrrwr gyda'r mwya diogel. A dweud y gwir roedd eu campau y tu ôl i olwyn car yn destun siarad gweddol reolaidd yn y pentre. Ac ni fydde'r un ohonynt yn mentro ymhell. Fuon nhw erioed yn gyrru ar y draffordd. Ac roedd llif traffig yr haf drwy dre Caerfyrddin yn rhywbeth i'w osgoi. Unig swyddogaeth y cerbydau oedd ar gyfer picio i lawr i'r pentre i brynu bwyd o'r siop, i godi pensiwn o'r swyddfa bost, ac, yn achlysurol, i fynd am dro hamddenol (helyntus, weithiau!) ar hyd ffyrdd culion, troellog y wlad pan oedd y tywydd y braf. Ar ambell ddiwrnod o haf byddai'r ddwy yn mentro gyda'i gilydd mor bell â glan y môr. O safbwynt gyrru dyna uchafbwynt y flwyddyn.

Y bore arbennig o dan sylw roedd yr ieuengaf o'r ddwy wedi gadael y tŷ yn weddol gynnar. Penderfynodd yr hynaf ddechrau ar ei siwrne ryw ddwyawr yn ddiweddarach. Hyn fu achos y creisis. Oherwydd y bore tyngedfennol hwnnw trefnodd ffawd i'r ddwy gwrdd â'i gilydd ar y lôn gul – y naill yn mynd i gyfeiriad y dre, a'r llall yn dod o'r dre ar ei ffordd adre. Dyma'r ddwy chwaer, a'r ddau gerbyd, yn dod wyneb yn wyneb â'i gilydd. Nawr y broblem oedd na fedrai'r un o'r ddwy chwaer facio'n ôl. Roedd gyrru'r car ymlaen yn ddigon o anturiaeth, ond roedd rifyrsio, yn enwedig pan oedd y ffos yn fygythiol o agos bob ochor o'r ffordd, yn dasg amhosibl. Bu pob ymgais yn y gorffennol i gwblhau symudiad o'r fath yn aflwyddiannus, fel y tystiai ambell grafiad a tholc yng nghyrff y cerbydau. Fel llawer o yrwyr eraill ar y ffordd fawr, aelodau o'r *forward movement* oedd y ddwy chwaer.

Dyma'r ddwy foneddiges yn wynebu ei gilydd ar y ffordd droellog, yn methu symud yn ôl nac ymlaen. Er mwyn symud ymlaen buasai'n rhaid symud yn ôl, ond nid oedd yr un ohonynt wedi meistroli'r gelfyddyd honno. Wele ddwy chwaer, yn perthyn i'w gilydd cyn agosed ag yw hi'n bosibl i unrhyw ddau berthyn i'w gilydd, wedi eu cloi mewn sefyllfa nad oedd modd iddynt hwythau ar eu pennau eu hunain ei datrys. Fe drodd y gofid cychwynnol yn chwerthin direolaeth; yna fe drodd y chwerthin yn ddagrau.

Doedd dim amdani ond aros – am bum munud, am ddeng munud. Aeth chwarter awr heibio. Roedd y lôn yn un ddigon anghysbell, ac ar adegau o'r dydd prin yr âi unrhyw enaid byw ar hyd-ddi. Ymhen ugain munud dyma glywed sŵn yn y pellter. Y peth nesa dyma'r tancer llaeth – a âi, bob yn eilddydd, o gwmpas ffermydd yr ardal i gywain cynnyrch y parlyrau llefrith – yn ymddangos. Wrth reswm, bu'n rhaid i hwnnw hefyd aros. Fel y gellid disgwyl roedd gyrrwr y lori laeth yn fedrusach ac yn fwy profiadol y tu ôl i'r llyw. Daeth allan o'i gaban, i mewn i'r car oedd yn wynebu'r ddau gerbyd arall, a'i yrru'n ôl i fwlch yn y clawdd. O ganlyniad roedd hi'n bosibl i bawb basio'i gilydd yn ddidrafferth. Ni lwyddodd y ddwy chwaer, ohonynt eu hunain, i ddod allan o'u cyfyngder. Ni allent hwy symud yr un fodfedd mewn unrhyw gyfeiriad. Bu'n rhaid i drydydd person ddod heibio i achub y sefyllfa.

Yr ydym ninnau mewn cyfwng cyffelyb. Ninnau, Gristionogion, sy'n perthyn mor agos i'n gilydd – 'nid estroniaid a dieithriaid ydych mwyach, ond cyd-ddinasyddion â'r saint ac aelodau o deulu Duw' (Effesiaid 2:19) – ond sydd ag enwadaeth a chapelyddiaeth a chyfundrefniaeth yn ein cloi mewn sefyllfa yr ydym yn ei chael hi'n anodd, os nad yn amhosibl, ymryddhau ohoni.

Oes yna 'drydydd' a ddaw i gyfarfod â ni ar y ffordd, a symud y rhwystrau? Bu bron imi anobeithio'n llwyr am ei ddyfodiad, hyd nes imi gofio ein bod yn awr yn y cyfnod cynhyrfus rhwng y Pasg a'r Pentecost.

Diolchgarwch

Mae hi'n fis Hydref ac yn ddechrau tymor y Cyfarfodydd Diolchgarwch. Yn sicr y mae iddynt eu lle a'u gwerth yng nghalendr yr eglwys, ond iddynt gael eu hystyried yn y goleuni priodol. Fe'n dysgwyd gan yr Arglwydd Iesu i weddïo am ein bara beunyddiol, ac wedi inni ei dderbyn mae'n rhesymol wasanaeth ar ein rhan i ddiolch i Dduw amdano, heb anghofio'r heuwr a'r medelwr a'r pobydd, ac o bosibl gwraig y tŷ, a fu â rhan mor bwysig yn ei gynhyrchu. Y mae bara yn un o reidiau bywyd. Gwir nad ar fara yn unig y bydd dyn byw, ond heb fara ni all fyw o gwbl. Felly ni all ein diolch fod yn gyflawn heb inni gofio am y miliynau yn ein byd sy'n byw ar eu cythlwng. Nid digon dymuno bendith ar y gŵr mewn dillad carpiog; rhaid estyn cymorth ymarferol iddo, a'i ddilladu a'i fwydo. Gwir a ddywedwyd: 'Bara i *mi* – dyna gwestiwn tymhorol; bara i *ni* – dyna gwestiwn ysbrydol'. Pe llenwid calon y goludog a'r breintiedig â thosturi Duw byddai rhoddion y tymor yn cael eu dosbarthu'n llawer mwy cyfiawn rhwng plant y ddaear.

Ynghyd â diolch am fara, y mae'r Cristion yn diolch hefyd am y bara a ddaeth i waered o'r nef, ac sy'n para byth. Mae'n diolch am y grawn a'r gwenith; mae'n diolch mwy am y groes a'r gras. Y perygl mewn Cwrdd Diolchgarwch yw inni ganoli ar un wedd yn unig ar ddaioni Duw, yn hytrach nag ar holl gyflawnder y daioni hwnnw. Clywyd rhywrai cyn hyn yn disgrifio'r Cwrdd Diolchgarwch fel uchafbwynt y flwyddyn: hynny, mae'n debyg am fod y gynulleidfa'n fwy niferus nag arfer. Y mae hyn yn ymylu ar baganiaeth. Ai pwysicach y Cwrdd Diolchgarwch na'r Oedfa Bregethu a'r Cymun a'r Cwrdd Gweddi? Ystyria'r Cristion holl roddion Duw yng ngoleuni'r un rhodd ryfeddol honno a elwir gan Paul yn 'anhraethol'. 'Ac os rhoddodd ei Fab, sut y gall beidio â rhoi pob peth i ni gydag ef?' (Rhufeiniaid 8:32).

Erbyn hyn y mae'r modd y cynhyrchir ac y prosesir bwyd yn bwnc dadleuol. Y llynedd achosodd Arpad Pusztai, gwyddonydd o fri yng Nghanolfan Ymchwil Rowett yn Aberdeen, gynnwrf nid bychan wrth iddo gyhoeddi canlyniadau ei ymchwil i mewn i fwydydd a addaswyd yn enetig. Dangosodd fod llygod mawr a gafodd eu bwydo â thatws o'r fath wedi colli pwysau sylweddol ac i'w systemau imiwnedd cynhenid gael eu niweidio. Beirniadwyd Pusztai yn llym am iddo gyhoeddi ei gasgliadau cyn i'w waith ymchwil gael ei gadarnhau gan ei gyd-arbenigwyr yn y maes, ond yna dyma'r cylchgrawn *Nature* yn datgelu manylion am gynrhon glöyn y llaethlys (y *monarch butterfly*) a niweidiwyd gan baill o india-corn a addaswyd yn enetig. Unwaith eto ceisiwyd dangos nad oedd y data a gyhoeddwyd yn y cylchgrawn yn derfynol. Onid hyn yw rhan o'r broblem sylfaenol mewn perthynas â'r bwydydd GM

– does neb, gan gynnwys y gwyddonwyr mwyaf profiadol yn y maes, yn berffaith siŵr beth fydd y canlyniadau yn y pen draw. Mae'n amhosibl rhagweld beth fydd y sefyllfa ymhen deng, ugain mlynedd. Doedd neb wedi rhagweld yr argyfwng BSE mewn gwartheg – er, mae'n anodd credu, rhywsut, nad oedd neb wedi sylweddoli y buasai bwydo blawd esgyrn anifeiliaid i fuwch, nad yw, yn ôl ei greddf, ond yn pori glaswellt, yn rhwym o arwain at broblemau maes o law.

Mae'n debyg fod barn gref o blaid cynhyrchu bwydydd GM. Onid yw hyn eisoes yn digwydd yn lled gyffredin yn yr Unol Daleithiau, a llywodraeth Clinton yn gwrthod deddfu y dylid nodi'n glir unrhyw gynhwysion GM ar label y pecyn neu'r tun bwyd? Ac oni fyddai eu tyfu ar raddfa eang yn un ffordd o ddatrys problem newyn y Trydydd Byd? Rhaid cofio, wrth gwrs, fod arian mawr eisoes wedi ei fuddsoddi gan gwmnïau megis Monsanto yn yr holl broses. Ym Mhrydain y mae undeb y GMB eisoes wedi rhybuddio y bydd 600,000 o swyddi yn y fantol os na fydd y cyhoedd yn barod i brynu'r bwydydd newydd. Y mae lle i gredu fod gormod o arian ac adnoddau wedi eu buddsoddi'n barod yn y farchnad GM, a bod gwir berygl i elw a thrachwant ddallu rhywrai i'r goblygiadau amgylcheddol. Da meddwl bod Cyfeillion y Ddaear wedi galw ar y Cynulliad i sicrhau na fydd y cnydau hyn yn cael eu tyfu yng Nghymru.

Ni fedd dyn na'r hawl na'r rhyddid i wneud fel y myn â Natur. O fynd yn groes i'w ddeddfau y mae pris i'w dalu, a hwnnw weithiau yn bris tra uchel. Da fyddai inni gofio datganiad y Salmydd: 'Eiddo'r Arglwydd yw'r ddaear a'i llawnder, y byd a'r rhai sy'n byw ynddo' (Salm 24: 1). Crewyd dyn i fod yn stiward y greadigaeth, a rhyw ddydd bydd yn rhaid iddo roi cyfrif am ei oruchwyliaeth. Gwylied rhag iddo geisio tra-arglwyddiaethu, oherwydd nid arglwydd mohono ond gwas. Dyma, yn sicr, un o athrawiaethau canolog y Beibl. Bydd cyfle yn y Cyfarfod Diolchgarwch eleni eto i gyhoeddi ac i ystyried ymhlygiadau'r gwirionedd pwysig hwn, ac i weddïo ar i ddyn feddu doethineb i ymddwyn yn gyfrifol ac yn ystyriol yn ei ymwneud â bywyd y greadigaeth.